新HSK와 通하는
중국어 첫걸음

조희준

:: 중국 난카이(南开) 대학교 중문과 박사과정 졸업
:: 전 울산대학교 중문과 강사
:: 전 서울여자대학교 중문과 강사
:: 현 중국어 교재 기획 및 개발 중

:: 프리토킹에 강해지는 중국어 초짜떼기
:: HSK 필수어휘 8822
:: 12곡으로 배우는 랄랄라 중국어 순기초
:: 12곡으로 배우는 랄랄라 중국어 기초
:: 내가 찾던 新 HSK 사전식 보카 VOCA
:: 중국인을 위한 한글읽기 60분 OK

신통 중국어 첫걸음

2012년 9월 15일 초판 1쇄 인쇄
2012년 9월 25일 초판 1쇄 발행

지은이 조희준
편집기획 이원도
교정 홍미경, 이혜림, 이준표
제작 이경진, 서동욱
영업기획 한충희
영업관리 윤국진
디자인 이창욱
발행인 이원도
발행처 베이직북스
E-mail basicbooks@hanmail.net
홈페이지 www.basicbooks.co.kr
주소 서울 마포구 동교동 165-8 LG팰리스 1508호
등록번호 제313-2007-241호
전화 02) 2678-0455
팩스 02) 2678-0454

ISBN 978-89-93279-59-7   13720
가격 13,500원(mp3 파일 무료제공)

新HSK와 通하는
중국어 첫걸음

조희준 지음

베이직북스

시중에 수많은 어학 교재가 하루가 멀다 하고 쏟아져 나오고 있다. 하지만 어렵다고 그 동안 망설이기만 했던 중국어를 어떻게 시작할 것인지 고민하지 않을 수 없는 시대를 살아가고 있다. 많은 사람들이 한번쯤은 20년 영어공부 외국인 앞에만 서면 벙어리가 되어 버린 기억을 가지고 있을 것이다. 바로 문법을 위주로 하는 시험을 준비하기 위한 공부에 매달리다 보니, 영어는 늘 어렵고 재미도 없는 좋지 않는 기억 때문에 어느 순간 포기해 버리게 되지 않았는가!

이에 저자는 중국어는 이런 시행착오 없이 친구처럼 쉽게 공부할 수 있는 방법을 찾다가 본서를 펴내게 되었다. 방법은 가장 많이 쓰이는 단어를 우선적으로 뽑아서 관련 단어로 이루어진 한두 마디 초간단 회화로 중국인과 생생하게 대화할 수 있는 짧은 말들을 정리하기 시작하면서 본서가 탄생하게 되었다.

이제는 단순히 단어와 문법에만 얽매이는 외국어 학습법에서 탈피할 때가 아닌가 생각된다. 즉 가장 많이 쓰이는 단어 몇 개로 이루어진 바로 써 먹을 수 있는 말들을 바로 외워 활용하다 보면, 어느 순간 중국어가 친구처럼 가깝게 다가오는 느낌을 받을 수 있을 것이다. 그 때가 되면 본서에서 익힌 초간단 회화에 수식 성분만 더해서 살을 붙여 나가다 보면 자연스럽게 중국인과 더 자유자재로 교류가 가능하리라고 확신한다.

아울러 본서는 중국어를 막 시작하는 전공자뿐만 아니라, 입사시험 준비나 직장인이 공인 중국어 능력 평가시험인 新HSK에도 자연스럽게 대비할 수 있도록 新HSK 1~3급 단어를 기본으로 구성했기에 사전 시험 준비서로도 손색이 없음을 밝혀둔다. 아무쪼록 중국어와 처음 인연을 맺는 여러분들 모두 소기의 성과를 거두기를 빈다.

2012년 8월

저자가

중국어
기초 어휘

PART 1

중국어 기본 표현

PART **2**

新HSK 3급 단어와 예문

PART **3**

新HSK와 通하는 중국어 첫걸음

PART 1

중국어
기초 어휘

新通
HSK

Unit **1** | 동사

동사는 동작을 나타내는 말로, 주로 문장의 서술어 성분으로 쓰인다.

1-1 단음절 동사

001 shì ~이다 【번】是 이 시, 옳을 시

□ 不是。Bú shì.   아뇨./그렇지 않다.

     'A是B' 문장형식에서 '是'는 영어의 B동사 'is'에 해당하는 말로, '~이다'라는 뜻의 판단동사이다.

□ 这是书。Zhè shì shū.   이것은 책이다.

□ 我是学生。Wǒ shì xuésheng.   나는 학생이다.

□ 是吗? Shì ma?   그래요?

□ 是的。Shì de.   네./그렇다.

□ 是不是? Shì bu shì?   그렇지 않니?

➕ 회화 플러스

A: 你是学生吗? Nǐ shì xuésheng ma?

B: 我不是学生。Wǒ bú shì xuésheng.

A: 당신은 학생입니까?

B: 저는 학생이 아닙니다.

002 yǒu 있다, 가지고 있다 【번】有 있을 유, 가질 유

- □ 没有。Méiyǒu. 없다./가지고 있지 않다.
- □ 有钱。Yǒu qián. 돈이 있다.
- □ 有利。Yǒu lì. 유리하다.
- □ 有点儿大。Yǒu diǎnr dà. 조금 크다.
- □ 有时间。Yǒu shíjiān. 시간이 있다.

➕ 회화 플러스

A: 你有空吗? Nǐ yǒu kòng ma?

B: 我没有空。Wǒ méiyǒu kòng.

A: 시간 있니?
B: 나는 시간이 없다.

003  zài ~에 있다, 존재하다 【번】在 있을 재

- □ 不在。Bú zài. (~에) 없다.
- □ 他在哪儿? Tā zài nǎr? 그는 어디에 있니?
- □ 他在家。Tā zài jiā. 그는 집에 있어.
- □ 我在超市。Wǒ zài chāoshì. 나는 슈퍼마켓에 있어.
- □ 在左边。Zài zuǒbian. 왼쪽에 있어.
  ▶ 8 전치사 003 在 (134쪽) 참고

➕ 회화 플러스

A: 你住在哪儿? Nǐ zhù zài nǎr?

B: 我住在首尔。Wǒ zhù zài Shǒu'ěr.

A: 어디에 사니?
B: 저는 서울에 삽니다.

kàn 보다, (의사가) 진찰하다, (사람을) 만나다 【번】 看 볼 간

① 보다, 책을 읽다, 구경하다

- 看看。Kànkan.   좀 보아라.
- 看吧。Kàn ba.   보아라.
- 看着。Kànzhe.   보고 있다.
- 看过。Kànguo.   보았다, 본 적이 있다.
- 看什么? Kàn shénme?   뭘 보니?
- 看表。Kàn biǎo.   시계를 보다.
- 看海。Kàn hǎi.   바다를 보다.
- 看图。Kàn tú.   그림을 보다.
- 看书。Kàn shū.   책을 읽다.
- 看信。Kàn xìn.   편지를 읽다.
- 看报纸。Kàn bàozhǐ.   신문을 읽다.
- 看杂志。Kàn zázhì.   잡지를 보다.
- 看电影。Kàn diànyǐng.   영화를 관람하다.
- 看电视。Kàn diànshì.   텔레비전을 보다.

② (의사가) 진찰하다, (환자가) 진찰을 받다

- 看病。Kàn bìng.   (의사가) 진찰하다, 치료하다.

③ (사람을) 만나다, 방문하다

- 看谁? Kàn shéi?   누구를 만나니?
- 看见。Kànjian.   보다, 만나다.

④ (문이나 아이 등을) 지키다, 돌보다

- 看门。Kān mén.   문을 지키다.

□ 看孩子。 Kān háizi.　　　아이를 돌보다.

➕ **회화 플러스**

A: 他看什么? Tā kàn shénme?

B: 他看漫画。 Tā kàn mànhuà.

A: 그는 무엇을 보니?

B: 그는 만화를 봅니다.

---

005  tīng 듣다 【번】聽 들을 청

□ 听听。 Tīngting.　　　좀 들어 봐.

□ 听吧。 Tīng ba.　　　들어 봐.

□ 听着。 Tīngzhe.　　　듣고 있다.

　听着收音机 shōuyīnjī。　　　라디오를 듣고 있다.

□ 听过。 Tīngguo.　　　들었다.

□ 听见。 Tīngjian.　　　들리다, 듣다.

　我没有听见。　　　나는 못 들었다.

□ 听说。 Tīngshuō.　　　듣자니 ~라고 한다.

　听说他自杀 zìshā 了。　　　듣자 하니 그는 자살했다고 한다.

□ 听写。 Tīngxiě.　　　받아쓰기를 하다.

□ 听话。 Tīnghuà.　　　말을 듣다.

　他不听话。　　　그는 말을 듣지 않는다.

➕ **회화 플러스**

A: 你听什么? Nǐ tīng shénme?

B: 我听音乐。 Wǒ tīng yīnyuè.

A: 무엇을 듣니?

B: 나는 음악을 들어.

shuō 말하다 【번】說 말씀 설

□ 说说。Shuō shuo.	말해 봐.
□ 说吧。Shuō ba.	말해.
□ 说过。Shuōguo.	말했다.
□ 说谎话。Shuō huǎnghuà.	거짓말하다.

➕ 회화 플러스

A: 你说什么? Nǐ shuō shénme?

B: 我没说什么。 Wǒ méi shuō shénme.

A: 뭐라고?

B: 아무 것도 아니야.

写 xiě 쓰다 【번】寫 쓸 사

□ 写写。Xiěxie.	좀 써 봐.
□ 写吧。Xiě ba.	써 봐.
□ 写着。Xiězhe.	쓰고 있다.
□ 写过。Xiěguo.	썼다.
□ 写字。Xiě zì.	글자를 쓰다.
□ 写汉字。Xiě Hànzì.	한자를 쓰다.
□ 写稿子。Xiě gǎozi.	원고를 쓰다.

➕ 회화 플러스

A: 你写什么? Nǐ xiě shénme?

B: 我写汉字。 Wǒ xiě Hànzì.

A: 무엇을 쓰니?

B: 나는 한자를 쓴다.

008 dú 읽다, 낭독하다, (학교를) 다니다 【번】讀 읽을 독

□ 读了一本书。 Dúle yì běn shū. 책 한 권을 읽었다.
□ 读大学。 Dú dàxué. 대학을 다니다.
□ 读一下。 Dú yíxià. 읽어 보아라.

➕ 회화 플러스

A: 这本书怎么样? Zhè běn shū zěnmeyàng?
B: 值得一读。 Zhíde yì dú.
A: 이 책은 어떻습니까?
B: 한 번 읽어볼 만해.

009 chī 먹다 【번】吃 말 더듬을 흘

□ 吃什么? Chī shénme? 무엇을 먹을래?
□ 吃饭。 Chīfàn. 밥을 먹다.
□ 吃面包。 Chī miànbao. 빵을 먹다.
□ 吃西瓜。 Chī xīguā. 수박을 먹다.
□ 吃包子。 Chī bāozi. 만두를 먹다.
□ 吃馒头。 Chī mántou. (소가 없는) 찐빵을 먹다.
□ 好吃。 Hǎochī. 맛있다.

➕ 회화 플러스

A: 好吃吗? Hǎochī ma?
B: 不好吃。 Bù hǎochī.
A: 맛있습니까?
B: 맛없어.

喝 hē 마시다 【번】喝 꾸짖을 갈

□ 喝什么? Hē shénme?   무엇을 마실래?

□ 喝茶。Hē chá.   차를 마시다.

□ 喝绿茶。Hē lǜchá.   녹차를 마시다.

□ 喝酒。   Hē jiǔ.   술을 마시다.

□ 喝开水。Hē kāishuǐ.   끓인 물을 마시다.

□ 喝牛奶。Hē niúnǎi.   우유를 마시다.

□ 喝可乐。Hē kělè.   콜라를 마시다.

□ 喝汽水。Hē qìshuǐ.   사이다를 마시다.

□ 喝咖啡。Hē kāfēi.   커피를 마시다.

➕ 회화 플러스

A: 你要喝什么酒? Nǐ yào hē shénme jiǔ?

B: 喝啤酒。Hē píjiǔ.

A: 무슨 술을 마실래?
B: 맥주를 마시겠습니다.

  进 jìn (밖에서 안으로) 들다, 나아가다 【번】進 나아갈 진

□ 请进。   Qǐng jìn.   들어오세요.

□ 进来吧! Jìnlái ba!   (밖에서 안으로) 들어와!

□ 进去吧! Jìnqù ba!   (밖에서 안으로) 들어가!

□ 进门。Jìn mén.   문으로 들어가다.

➕ 회화 플러스

A: 有人在吗? Yǒu rén zài ma?

B: 请进。Qǐng jìn .

A: 누구 계세요?

B: 들어오세요.

---

012  qù 가다 【번】 去 갈 거

- □ 去吗? Qù ma?   갑니까?
- □ 不去。Bú qù.   안 간다.
- □ 去学校。Qù xuéxiào.   학교에 가다.
- □ 出去吧! Chūqù ba!   나가자!
- □ 回去吧! Huíqù ba!   돌아가자!

➕ **회화 플러스**

A: 你去哪儿? Nǐ qù nǎr?

B: 去超市。Qù chāoshì.

A: 어디 가니?

B: 슈퍼마켓에 갑니다

---

013  lái 오다 【번】 來 올 래

- □ 来吗? Lái ma?   옵니까?
- □ 不来。Bù lái.   안 온다.
- □ 来了几个人? Láile jǐ ge rén?   몇 명이 왔니?
- □ 出来吧! Chūlái ba!   나와!
- □ 快回来吧! Kuài huílái ba!   빨리 돌아와!

A: 你从哪儿来的? Nǐ cóng nǎr lái de?

B: 我从英国来的。 Wǒ cóng Yīngguó lái de.

A: 너는 어디에서 왔니?

B: 나는 영국에서 왔어.

---

014  zǒu 걷다, (걸어) 가다, 떠나다 【번】 走 달릴 주

□ 走路。Zǒulù.　　　　　　　　길을 가다, 걷다

□ 慢走! Màn zǒu!　　　　　　　살펴 가세요!

□ 走好。Zǒuhǎo.　　　　　　　안녕히 가세요.

□ 走得快。Zǒu de kuài.　　　　빨리 걷다.

□ 火车刚走。Huǒchē gāng zǒu.　열차가 방금 떠났다.

A: 咱们走吧! Zánmen zǒu ba!

B: 你们先走吧! Nǐmen xiān zǒu ba!

A: 우리 갑시다!

B: 당신들 먼저 가세요!

---

015  pǎo 달리다, 뛰다 【번】 跑 달릴 포

□ 跑四百米。Pǎo sìbǎi mǐ.　　400미터를 달리다, 400미터 달리기를 하다.

□ 跑过来吧! Pǎo guòlai ba!　　달려 와라!

□ 跑步。Pǎobù.　　　　　　　　구보를 하다.

□ 赛跑。Sàipǎo.　　　　　　　　경주하다.

➕ 회화 플러스

A: 你每天早上跑步吗? Nǐ měitiān zǎoshang pǎobù ma?

B: 不, 每天早上爬山。 Bù, měitiān zǎoshang páshān.

A: 매일 아침에 구보를 합니까?

B: 아니, 매일 아침에 등산을 해.

016 tiào 위로 뛰어오르다, 도약하다, 껑충 뛰다 【번】跳 뛸 도

- □ 跳舞。Tiào wǔ. 춤을 추다.
- □ 跳芭蕾舞。Tiào bālěiwǔ. 발레를 추다.
- □ 跳高。Tiàogāo. 높이뛰기하다.
- □ 跳过水。Tiàoguo shuǐ. 다이빙해 본 적이 있다.
- □ 跳过伞。Tiàoguo sǎn. 낙하산으로 뛰어내려 본 적이 있다.

➕ 회화 플러스

A: 你跳过水吗? Nǐ tiàoguo shuǐ ma?

B: 我还没跳过水。 Wǒ hái méi tiàoguo shuǐ.

A: 다이빙해 본 적이 있니?

B: 나는 아직 다이빙해 본 적이 없어.

017  zhù 살다, 거주하다, 멈추다 【번】住 살 주

- □ 住哪儿? Zhù nǎr? 어디에 사니?
- □ 住几天? Zhù jǐ tiān? 며칠 묵을 거니?
- □ 住了两天。Zhùle liǎng tiān. 이틀 밤을 묵다.
- □ 雨住了。Yǔ zhù le. 비가 그쳤다.

A: 你住在什么地方? Nǐ zhù zài shénme dìfang?

B: 我住在上海。 Wǒ zhù zài Shànghǎi.

A: 어느 곳에 사니?

B: 상하이에서 살아.

018 开 kāi 열다, 시작하다 【번】 開 열 개

□ 门开着。 Mén kāizhe.	문이 열려 있다.
□ 开窗。 Kāi chuāng.	창문을 열다.
□ 开箱子。 Kāi xiāngzi.	상자를 열다.
□ 开学。 Kāixué.	개학하다.

A: 你什么时候开学呢? Nǐ shénme shíhou kāixué ne?

B: 还有五天呢。 Hái yǒu wǔ tiān ne.

A: 언제 개학하니?

B: 아직 5일 남았어.

019 想 xiǎng 생각하다, 그리워하다 【번】 想 생각할 상

□ 想什么? Xiǎng shénme?	뭘 생각하니?
□ 想办法。 Xiǎng bànfǎ.	방법을 생각하다.
□ 想不到。 Xiǎng bu dào.	예상하지 못하다. 뜻밖이다.
□ 很想你。 Hěn xiǎng nǐ.	당신을 그리워한다.

➕ 회화 플러스

A: 你到底想什么? Nǐ dàodǐ xiǎng shénme?

B: 我想昨天发生的事情。 Wǒ xiǎng zuótiān fāshēng de shìqing.

A: 넌 도대체 뭘 생각하니?

B: 어제 일어난 일을 생각해.

▶ 2 조동사 003 想 (43쪽) 참고

020 yào 필요하다, 요구하다, 부탁하다 【번】要 원할 요, 요긴할 요

- 要哪个? Yào nǎge?　　　어느 것으로 할래?
- 要这个。 Yào zhège.　　　이것으로 할게요.
- 要多少? Yào duōshao?　　얼마가 필요하니? 얼마나 사려고 합니까?
- 要一个小时。 Yào yí ge xiǎoshí.　한 시간이 필요하다(걸린다).

➕ 회화 플러스

A: 你要什么? Nǐ yào shénme?

B: 我要一部智能手机。 Wǒ yào yí bù zhìnéng shǒujī.

A: 너는 무엇이 필요하니?

B: 나는 스마트폰이 필요해.

▶ 2 조동사 004 要 (43쪽) 참고

021  zuò ~하다, 만들다, (글을) 쓰다 【번】做 지을 주

- 做什么? Zuò shénme?　　무얼 하니?
- 做工作。 Zuò gōngzuò.　　일을 해.
- 做衣服。 Zuò yīfu.　　　옷을 만들어.
- 做文章。 Zuò wénzhāng.　글을 써.

□ 做得好。Zuò de hǎo.　　잘했구나.

➕ 회화 플러스

A: 他工作做得怎么样? Tā gōngzuò zuò de zěnmeyàng?

B: 做得不太好。Zuò de bú tài hǎo.

A: 그가 일하는 게 어때?

B: 별로야.

022  mǎi 사다 【번】買 살 매

□ 买什么? Mǎi shénme?　　뭘 사니?

□ 不买什么。Bù mǎi shénme.　　아무 것도 안 샀어.

□ 买西瓜。Mǎi xīguā.　　수박을 사.

□ 买些水果。Mǎi xiē shuǐguǒ.　　과일을 좀 샀어.

□ 买电影票。Mǎi diànyǐngpiào.　　영화표를 샀어.

➕ 회화 플러스

A: 你买了什么东西? Nǐ mǎile shénme dōngxi?

B: 我买了平板电脑。Wǒ mǎile píngbǎn diànnǎo.

A: 무엇을 샀니?

B: 태블릿(Tablet) PC를 샀어.

023  mài 팔다 【번】賣 팔 매

□ 卖东西。Mài dōngxi.　　물건을 팔다.

□ 卖光了。Màiguāng le.　　다 팔았어.

□ 卖不了。Mài bu liǎo.　　팔 수 없어.

☐ 卖不出去。Mài bu chuqu.　　　팔리지 않아.

☐ 买卖。Mǎimai.　　　장사, 매매

➕ 회화 플러스

A: 你今天卖得怎么样? Nǐ jīntiān mài de zěnmeyàng?

B: 卖得不怎么好。Mài de bù zènme hǎo.

A: 오늘 판매가 어때?

B: 판매가 별로야.

---

024 dào 이르다, 도착하다 【번】 到 이를 도

☐ 冬天到了。Dōngtiān dào le.　　　겨울이 왔다.

☐ 到了吗? Dào le ma?　　　도착했니?

☐ 刚到。Gāng dào.　　　막 도착했어.

☐ 还没到。Hái méi dào.　　　아직 도착 안 했어.

➕ 회화 플러스

A: 火车到了没? Huǒchē dàole méi?

B: 快要到了。Kuàiyào dào le.

A: 열차가 도착했니?

B: 곧 도착할 거야.

---

025 qǐng ~하세요, 청하다, 요구하다, 한턱내다 【번】 請 청할 청

☐ 请坐! Qǐng zuò!　　　앉으세요!

☐ 请进! Qǐng jìn!　　　들어오세요!

☐ 请两天假。Qǐng liǎng tiān jià.　　　이틀 휴가를 내다.

□ 我请你。 Wǒ qǐng nǐ.　　　　　내가 한턱낼게.

➕ 회화 플러스

A: 请这边儿坐! qǐng zhèbiānr zuò!

B: 我没有时间, 得马上走。 Wǒ méiyǒu shíjiān, děimǎshàng zǒu.

A: 이쪽으로 앉으세요!

B: 시간이 없어, 바로 가야 해.

026  问 wèn 묻다, 질문하다 【번】 問 물을 문

□ 问路。 Wèn lù.　　　　　길을 묻다.

□ 问问题。 Wèn wèntí.　　　　질문하다.

□ 问好。 Wèn hǎo.　　　　　안부를 묻다.

□ 请问。 Qǐngwèn.　　　　　말씀 좀 묻겠습니다

➕ 회화 플러스

A: 请问邮局在哪儿? Qǐngwèn yóujú zài nǎr?

B: 往右一拐就到了。 Wǎng yòu yì guǎi jiù dào le.

A: 우체국이 어디에 있습니까?

B: 우측으로 돌면 바로 도착합니다.

027 坐 zuò 앉다, 타다 【번】 坐 앉을 좌

□ 坐一下。 Zuò yíxià.　　　　좀 앉아.

□ 坐一会儿吧! Zuò yíhuìr ba!　잠시 앉아!

□ 坐船。 Zuò chuán.　　　　배를 타.

□ 坐飞机。 Zuò fēijī.　　　　비행기를 타.

➕ 회화 플러스

A: 坐什么车去? Zuò shénme chē qù?

B: 坐公交车去。 Zuò gōngjiāochē qù.

A: 무슨 차를 타고 가니?

B: 버스를 타고 가.

028 děng 기다리다 【번】等 무리 등, 등급 등, 기다릴 등

□ 等谁? Děng shéi?   누구를 기다리니?

□ 等老师。 Děng lǎoshī.   선생님을 기다려.

□ 等他来。 Děng tā lái.   그가 오기를 기다려.

□ 等一会儿。 Děng yíhuìr.   잠시만 기다려.

➕ 회화 플러스

A: 我们先去吧! Wǒmen xiān qù ba!

B: 等他来再去吧! Děng tā lái zài qù ba!

A: 우리 먼저 가자!

B: 그가 오기를 기다렸다가 가자!

029  huí 돌아오다(가다), 회답하다 【번】回 돌아올 회

□ 回家。 Huí jiā.   집으로 돌아가.

□ 回来吧! Huílái ba!   돌아와!

□ 回去吧! Huíqù ba!   돌아가자!

□ 回信了没? Huí xìnle méi?   답장했니?

A: 小王回来了吗? Xiǎo Wáng huílái le ma?

B: 他还没回来呢。 Tā hái méi huílái ne?

A: 왕 군 돌아왔니?
B: 그는 아직 안 돌아왔어.

030 sòng 보내다, 주다, 전송하다 【번】送 보낼 송

- 送一封信。 Sòng yì fēng xìn.   편지 한 통을 보냈어.
- 给他送一份礼物。 Gěi tā sòng yí fèn lǐwù.   그에게 선물 하나를 선사했어.
- 别送了。 Bié sòng le.   나오지 마세요.
- 送客人。 Sòng kèrén.   손님을 배웅하다.

회화 플러스

A: 你现在才来啊? Nǐ xiànzài cái lái a?

B: 我去送客人了。 Wǒ qù sòng kèrén le.

A: 이제서야 오니?
B: 손님을 배웅하러 갔었어.

031  zhǎo 찾다, 구하다, 방문하다, 거슬러 주다 【번】找 찾을 조

- 找东西。 Zhǎo dōngxi.   물건을 찾다.
- 找工作。 Zhǎo gōngzuò.   직업을 찾는다.
- 找材料。 Zhǎo cáiliào.   재료를 구한다.
- 找你五块。 Zhǎo nǐ wǔ kuài.   5위안을 거슬러 드립니다.

🔌 회화 플러스

A: 你找谁呀? Nǐ zhǎo shéi ya?

B: 我找汉语老师。 Wǒ zhǎo Hànyǔ lǎoshī.

A: 누구를 찾니?
B: 중국어 선생님을 찾아.

032 xǐ 씻다 【번】洗 씻을 세

□ 洗什么? Xǐ shénme?　　　무엇을 씻니?

□ 洗衣服。 Xǐ yīfu.　　　옷을 빨아.

□ 洗手。 Xǐ shǒu.　　　손을 씻어.

□ 洗头发。 Xǐ tóufa.　　　머리를 감아.

🔌 회화 플러스

A: 你把我的裤子洗好了没? Nǐ bǎ wǒ de kùzi xǐhǎole méi?

B: 还没洗好。 Hái méi xǐhǎo.

A: 내 바지 빨아 놓았어?
B: 아직 안 빨았어.

033  chuān (구멍을) 뚫다, 입다, 신다 【번】穿 뚫을 천

□ 穿裤子。 Chuān kùzi.　　　바지를 입다.

□ 穿袜子。 Chuān wàzi.　　　양말을 신다.

□ 穿鞋。 Chuān xié.　　　신발을 신다.

□ 穿皮鞋。 Chuān píxié.　　　구두를 신다.

A: 她穿得怎么样? Tā chuān de zěnmeyàng?

B: 她穿得很漂亮。Tā chuān de hěn piàoliang.

A: 그녀가 입은 게 어때?

B: 아주 예쁘게 입었네.

034  ài 사랑하다, 아끼다 【번】愛 사랑 애

□ 爱祖国。Ài zǔguó.　　　　　조국을 사랑한다.

□ 爱学校。Ài xuéxiào.　　　　학교를 사랑한다.

□ 爱故乡。Ài gùxiāng.　　　　고향을 사랑한다.

□ 我爱你。Wǒ ài nǐ.　　　　　당신을 사랑해.

회화 플러스

A: 他爱上了谁? Tā àishàngle shéi?

B: 他爱上了高中的同学。Tā àishàngle gāozhōng de tóngxué.

A: 그는 누구를 사랑하게 되었어?

B: 그는 고등학교 동창생을 사랑하게 되었어.

035  wán 놀다, 놀이를 하다 【번】玩 놀 완

□ 玩什么? Wán shénme?　　　　뭐하고 놀아?

□ 玩电脑。Wán diànnǎo.　　　　컴퓨터를 해.

□ 玩游戏。Wán yóuxì.　　　　　게임을 해.

□ 去公园玩儿。Qù gōngyuán wánr.　공원에 가서 놀아.

A: 有空来玩儿吧！ Yǒu kòng lái wánr ba!

B: 好的, 再见！ Hǎo de, zàijiàn!

A: 시간 있으면 놀러 와!

B: 네, 다음에 뵈어요.

036 xiào 웃다, 비웃다 【번】笑 웃을 소

□ 笑什么? Xiào shénme?　　　　왜 웃어?

□ 笑着说。Xiàozhe shuō.　　　　웃음을 띠고 말하다.

□ 别笑他。Bié xiào tā.　　　　그를 비웃지 마라.

□ 笑死人。Xiàosǐ rén.　　　　우스워 죽겠다.

➕ 회화 플러스

A: 他会说笑话吗? Tā huì shuō xiàohuà ma?

B: 他很会说笑话。Tā hěn huì shuō xiàohuà.

A: 그는 우스갯소리를 잘하니?

B: 그는 우스갯소리를 곧잘 한다.

037 jiào 부르다, ~라고 부르다 【번】叫 부를 규

□ 他叫你。Tā jiào nǐ.　　　　그가 너를 부른다.

□ 有人叫你。Yǒurén jiào nǐ.　　　　누가 너를 부른다.

□ 我叫王明。Wǒ jiào Wáng Míng.　　　　나는 왕밍이라고 합니다.

□ 他叫我大哥。Tā jiào wǒ dàgē.　　　　그는 나를 큰형이라고 부른다.

회화 플러스

A: 你叫什么名字? Nǐ jiào shénme míngzi?

B: 我叫王明。 Wǒ jiào Wáng Míng.

A: 네 이름이 뭐니?

B: 나는 왕밍이라고 합니다.

 038 **让** ràng 사양하다, 양보하다, 양도하다 【번】**讓** 사양할 양

- □ 让座。 Ràng zuò.　　　　좌석을 양보하다.
- □ 让一下。 Ràng yíxià.　　　양보 좀 해라.
- □ 让一步。 Ràng yíbù.　　　조금씩 양보하다.
- □ 让出去。 Ràng chūqu.　　　양도하다.

회화 플러스

A: 互相让一步吧! Hùxiāng ràng yíbù ba!

B: 好的。 Hǎo de.

A: 서로 조금씩 양보해라!

B: 네, 좋아요.

 039 **出** chū 나가다, 나오다 【번】**出** 날 출

- □ 出来。 Chūlái.　　　　나오다.
- □ 出去。 Chūqù.　　　　나가다.
- □ 出国了。 Chūguó le.　　출국했다.
- □ 出毛病了。 Chū máobìng le.　고장이 났다.

➕ 회화 플러스

A: 时间不早了, 快出来吧！ Shíjiān bù zǎo le, kuài chūlái ba!

B: 好的, 马上来。 Hǎo de, mǎshàng lái.

A: 시간이 늦었어, 빨리 나와!

B: 네, 바로 나갈게요.

---

040  huì 모이다, 능숙하다, 잘 알다 【번】會 모을 회

☐ 会合。Huìhé.   회합하다.

☐ 不会。Bú huì.   할 줄 모른다.

☐ 会游泳。Huì yóuyǒng.   수영을 할 줄 안다.

☐ 会英文。Huì Yīngwén.   영어에 능숙하다.

➕ 회화 플러스

A: 你会游泳吗？ Nǐ huì yóuyǒng ma?

B: 我不会游泳。 Wǒ bú huì yóuyǒng.

A: 수영할 줄 아니?

B: 나는 수영을 할 줄 몰라.

▶ 2 조동사 002 会 (41쪽) 참고

---

041  wán 완전하다, 완비하다, 완성하다, 다하다 【번】完 완전할 완

☐ 完备。Wánbèi.   완비되어 있다.

☐ 已经完了。Yǐjing wán le.   이미 끝났다.

☐ 卖完了。Màiwán le.   다 팔렸다.

☐ 写完了。Xiěwán le.   다 썼다.

➕ 회화 플러스

A: 今天卖得怎么样? Jīntiān mài de zěnmeyàng?

B: 卖完了。 Màiwán le.

A: 오늘 판매가 어때?

B: 다 팔았어.

042 学 xué 배우다 【번】 學 배울 학

▫ 学汉语。 Xué Hànyǔ.   중국어를 배워.

▫ 学得好。 Xué de hǎo.   잘 배운다.

▫ 学不好。 Xué bù hǎo.   잘 못 배운다.

▫ 学会了。 Xué huì le.   배워서 알게 되었다.

➕ 회화 플러스

A: 你学汉语学得怎么样? Nǐ xué Hànyǔ xué de zěnmeyàng?

B: 不怎么好。 Bù zěnme hǎo.

A: 너 중국어 배우는 게 어때?

B: 별로야.

043 上 shàng 오르다, 나아가다 【번】 上 위 상

▫ 上山。 Shàng shān.   산에 오른다.

▫ 上哪儿? Shàng nǎr?   어디 가니?

▫ 上釜山。 Shàng Fǔshān.   부산에 간다.

▫ 上学。 Shàng xué.   학교에 간다.

➕ 회화 플러스

A: 你上哪儿? Nǐ shàng nǎr?

B: 我上北京。 Wǒ shàng Běijīng.

A: 어디 가니?

B: 베이징에 가.

044  xià 내려가다(오다), 내리다 【번】下 내릴 하

- ☐ 下山。 Xià shān.   산에서 내려오다.
- ☐ 下船。 Xià chuán.   배에서 내리다.
- ☐ 下雨了。 Xiàyǔ le.   비가 내린다.
- ☐ 下很多雪。 Xià hěn duō xuě.   많은 눈이 내린다.

➕ 회화 플러스

A: 明天下雨还是下雪? Míngtiān xiàyǔ háishi xiàxuě?

B: 听说下雨。 Tīngshuō xiàyǔ.

A: 내일 비가 와 아니면 눈이 와?

B: 비가 온다고 하던데.

045  dǎ 때리다, 치다, (전화를) 걸다 【번】打 칠 타

- ☐ 打人。 Dǎ rén.   사람을 때리다.
- ☐ 打球。 Dǎ qiú.   공을 치다.
- ☐ 打篮球。 Dǎ lánqiú.   농구를 하다.
- ☐ 打电话。 Dǎ diànhuà.   전화를 걸다.

A: 给他打电话了没? Gěi tā dǎ diànhuà le méi?

B: 刚打了。 Gāng dǎ le.

A: 그에게 전화했니?
B: 방금 했어.

046  xiū 쉬다 【번】休 쉴 휴

- 休五天。 Xiū wǔ tiān.　　　5일간 쉰다.
- 节假日不休。 Jiéjiàrì bù xiū.　　명절과 휴일도 휴식하지 않는다.
- 争吵不休。 Zhēngchǎo bù xiū.　　말다툼이 그치지 않는다.
- 退不了休。 Tuì bu liǎo xiū.　　퇴직할 수 없다.

A: 上个月她休了多久? Shàng ge yuè tā xiūle duōjiǔ?

B: 休了半个月。 Xiūle bàn ge yuè.

A: 지난달에 그녀는 얼마나 쉬었니?
B: 반달 동안 쉬었어.

047  shēng (아이를) 낳다, 생산하다, 태어나다 【번】生 날 생

- 生孩子。 Shēng háizi.　　　아이를 낳다.
- 生于北京。 Shēng yú Běijīng.　　베이징에서 태어났다.
- 妈妈生病了。 Māma shēngbìng le.　엄마가 병이 나셨다.
- 哪年生的? Nǎ nián shēng de?　어느 해에 태어났니?

+ 회화 플러스

A: 你是哪年生的? Nǐ shì nǎ nián shēng de?

B: 我是一九八八年生的。 Wǒ shì yī jiǔ bā bā nián shēng de.

A: 너는 어느 해에 태어났니?

B: 나는 1988년에 태어났어.

---

048  yóu 헤엄치다, 한가롭게 거닐다 【번】游 헤엄칠 유

- 不会游。 Bú huì yóu.　　　　수영할 줄 몰라.
- 游得很好。 Yóu de hěn hǎo.　　수영을 잘한다.
- 一日游 Yírìyóu　　　　　　당일 투어(코스)
- 正在游泳。 Zhèngzài yóuyǒng.　수영하고 있다.

+ 회화 플러스

A: 他游得怎么样? Tā yóu de zěnmeyàng?

B: 他游得比你强。 Tā yóu de bǐ nǐ qiáng.

A: 그가 수영하는 게 어때?

B: 그가 너보다 수영을 더 잘해.

---

049  shuì (잠을) 자다 【번】睡 잠잘 수

- 睡得好。 Shuì de hǎo.　　　　잘 잤어.
- 睡不好。 Shuì bù hǎo.　　　　잘 못 잤어.
- 睡得很晚。 Shuì de hěn wǎn.　늦게 잤어.
- 睡不着觉。 Shuì buzháo jiào.　잠을 이루지 못하다.

A: 他什么时候睡的觉? Tā shénme shíhou shuì de jiào?

B: 大概十点左右。 Dàgài shí diǎn zuǒyòu.

A: 그는 언제 잠들었습니까?
B: 대략 10시 정도요.

050 告 gào 알리다, 고발하다 【번】告 알릴 고

□ 告诉大家。 Gàosù dàjiā.	여러 사람에게 알리다.
□ 告诉 Gàosu	알리다
□ 广告 Guǎnggào	광고
□ 报告 Bàogào	보고하다, 보고서

🔋 회화 플러스

A: 到法院去告他吧! Dào fǎyuàn qù gào tā ba!

B: 我已经告了。 Wǒ yǐjing gào le.

A: 법원에 가서 그를 고발해라!
B: 나는 이미 고발했어.

051 唱 chàng 노래하다 【번】唱 부를 창

□ 唱一首歌。 Chàng yì shǒu gē.	노래 한 곡을 부르다
□ 唱流行歌曲。 Chàng liúxíng gēqǔ.	유행가를 부르다.
□ 歌唱完了。 Gē chàngwán le.	노래를 다 불렀다.
□ 她在唱歌。 Tā zài chànggē.	그녀는 노래하고 있다.

➕ **회화 플러스**

A: 你会唱歌吗? Nǐ huì chànggē ma?

B: 我不会唱歌。 Wǒ bú huì chànggē.

A: 너는 노래할 줄 아니?

B: 나는 노래할 줄 몰라.

052  bāng 돕다, 거들다 【번】 帮 도울 방

- ☐ 帮他忙。Bāng tā máng. 그를 도와주다.
- ☐ 帮人干活。Bāng rén gànhuó. 남을 도와 일하다.
- ☐ 请你帮帮忙。Qǐng nǐ bāngbang máng. 좀 도와주세요.
- ☐ 帮助 Bāngzhù 돕다, 도와주다

➕ **회화 플러스**

A: 我明天搬家, 请你帮帮忙, 好吗?

　Wǒ míngtiān bānjiā, qǐng nǐ bāngbang máng, hǎo ma?

B: 好的, 没问题。 Hǎo de, méi wèntí.

A: 내일 이사하는데 좀 도와주실래요?

B: 좋아요, 문제 없어요.

053  kǎo 시험을 보다 【번】 考 살필 고

- ☐ 考得好。Kǎo de hǎo. 시험을 잘 보았다.
- ☐ 考不好。Kǎo bù hǎo. 시험을 잘 못 보았다.
- ☐ 考上大学了。Kǎoshàng dàxué le. 대학에 합격했다.
- ☐ 考不上。Kǎo bu shàng. 시험에 합격하지 못하다.

➕ 회화 플러스

A: 她考上大学了吗？ Tā kǎoshàng dàxué le ma?

B: 差一分没考上。 Chà yì fēn méi kǎoshàng.

A: 그녀는 대학에 합격했습니까?
B: 1점 차이로 떨어졌어.

1-2   다음절 동사

---

054 **再见** zàijiàn 안녕히 가세요(계세요) 【번】 再 다시 재 | 见 볼 견

➕ 회화 플러스

A: 再见, 老师。 Zàijiàn, lǎoshī.

B: 明天见！ Míngtiān jiàn!

A: 선생님, 안녕히 계세요.
B: 내일 봐!

---

055 **谢谢** xièxie 감사하다 【번】 谢 사례할 사

➕ 회화 플러스

A: 谢谢！ Xièxie!

B: 不客气！ Bú kèqi!

A: 감사합니다!
B: 천만에요!

056 喜欢 xǐhuan 좋아하다 【번】喜 기쁠 희 | 歡 기뻐할 환

➕ 회화 플러스

A: 你喜欢看小说吗? Nǐ xǐhuan kàn xiǎoshuō ma?

B: 我不喜欢看小说。 Wǒ bù xǐhuan kàn xiǎoshuō.

A: 너는 소설 보는 것을 좋아하니?

B: 나는 소설 보는 것을 좋아하지 않아.

057 认识 rènshi 알다 【번】認 알 인 | 識 알 식

➕ 회화 플러스

A: 认识您很高兴。 Rènshi nín hěn gāoxìng.

B: 认识你我也很高兴。 Rènshi nǐ wǒ yě hěn gāoxìng.

A: 당신을 알게 되어서 아주 기쁩니다.

B: 당신을 알게 되어서 저도 기쁩니다.

058 准备 zhǔnbèi 준비하다 【번】準 준할 준 | 備 갖출 비

➕ 회화 플러스

A: 大家都准备好了吗? Dàjiā dōu zhǔnbèi hǎo le ma?

B: 都准备好了, 快走吧! Dōu zhǔnbèi hǎo le, kuài zǒu ba!

A: 다들 준비되었니?

B: 모두 준비되었습니다, 빨리 갑시다!

059  zhīdao 알다【번】知 알 지 | 道 길 도

➕ 회화 플러스

A: 你知道他的名字吗? Nǐ zhīdao tā de míngzi ma?

B: 不知道, 你告诉我吧。 Bù zhīdao, nǐ gàosu wǒ ba.

A: 그의 이름을 아니?
B: 몰라, 네가 좀 알려 줘.

060  jièshào 소개하다【번】介 끼일 개 | 紹 이을 소

➕ 회화 플러스

A: 我给你介绍一下, 这位是张先生。

　　Wǒ gěi nǐ jièshào yíxià, zhè wèi shì Zhāng xiānsheng.

B: 你好, 认识你很高兴。 Nǐ hǎo, rènshi nǐ hěn gāoxìng.

A: 당신에게 소개 좀 하겠습니다. 이분은 장 선생님입니다.
B: 안녕하세요, 만나게 되어서 매우 기쁩니다.

061  huānyíng 환영하다【번】歡 기뻐할 환 | 迎 맞이할 영

➕ 회화 플러스

A: 热烈欢迎你们。 Rèliè huānyíng nǐmen.

B: 谢谢你们的热情接待。 Xièxie nǐmen de rèqíng jiēdài.

A: 열렬히 환영합니다.
B: 당신들의 환대에 감사드립니다.

062 觉得

juéde ~라고 느끼다, ~라고 여기다 【번】覺 느낄 각 | 得 얻을 득

- □ 觉得不错。 Juéde búcuò.　　　　　좋다고 느끼다.
- □ 不觉得轻。 Bù juéde qīng.　　　　가벼이 여기지 않는다.
- □ 我觉得有点累。 Wǒ juéde yǒudiǎn lèi.　나는 좀 피곤함을 느낀다.
- □ 觉得不太好。 Juéde bú tài hǎo.　　　별로 좋지 않다고 여긴다.

➕ 회화 플러스

A: 你觉得怎么样? Nǐ juéde zěnmeyàng?

B: 我觉得不太好。 Wǒ juéde bú tài hǎo.

A: 너는 어떻게 여기니?

B: 나는 별로 좋지 않다고 여겨.

063 对不起

duìbuqǐ 미안하다 【번】對 대할 대 | 起 일어날 기

➕ 회화 플러스

A: 对不起你呀。 Duìbuqǐ nǐ ya.

B: 没关系。 Méi guānxi.

A: 미안합니다.

B: 괜찮습니다.

Unit 2 | 조동사

조동사는 본동사 앞에 와서 본동사를 보조하는 역할을 한다.

001 néng ~할 수 있다, ~을 잘하다, ~할 가능성이 있다 【번】能 능할 능

- □ 能喝白酒。 Néng hē báijiǔ.   고량주를 마실 수 있다.
- □ 能买。 Néng mǎi.   살 수 있다.
- □ 能去。 Néng qù.   갈 수 있다.
- □ 很能唱。 Hěn néng chàng.   노래를 잘한다.

➕ 회화 플러스

A: 这里能不能抽烟? Zhèlǐ néng bu néng chōuyān?

B: 这里不能。 Zhèlǐ bù néng.

A: 여기에서 흡연할 수 있습니까?

B: 여기에서는 안 됩니다.

002  huì ~할 줄 알다, ~을 잘하다 ~할 가능성이 있다 【번】會 모을 회

- □ 会开车。 Huì kāichē.   운전할 줄 안다.
- □ 会说英语。 Huì shuō Yīngyǔ.   영어를 할 줄 안다.
- □ 真会说。 Zhēn huì shuō.   정말 말을 잘한다.
- □ 不会不来。 Bú huì bù lái.   오지 않을 리 없다.

➕ 회화 플러스

A: 他会说汉语吗。 Tā huì shuō Hànyǔ ma?

B: 他不会说汉语。 Tā bú huì shuō Hànyǔ.

A: 그는 중국어를 할 줄 아니?

B: 그는 중국어를 할 줄 몰라.

▶ 1 동사 040 会 (31쪽) 참고

---

003 xiǎng ~하고 싶다, ~하려고 생각하다 【번】 想 생각할 상

□ 想买。 Xiǎng mǎi. 사고 싶다.

□ 想吃。 Xiǎng chī. 먹고 싶다.

□ 想去。 Xiǎng qù. 가고 싶다.

□ 不想去。 Bù xiǎng qù. 가고 싶지 않다.

➕ 회화 플러스

A: 你想买什么? Nǐ xiǎng mǎi shénme?

B: 我想买手机。 Wǒ xiǎng mǎi shǒujī.

A: 무엇을 사려고 해?

B: 휴대전화를 사려고 해.

▶ 1 동사 019 想 (20쪽) 참고

---

004  yào ~하려고 하다, ~해야 한다, 막 ~하려 한다 【번】 要 원할 요, 요긴할 요

□ 要看。 Yào kàn. 보려고 한다.

□ 不要。 Búyào. ~하지 마라.

□ 要认真学习。 Yào rènzhēn xuéxí. 열심히 공부해야 한다.

□ 快要下雨了。 Kuàiyào xiàyǔ le. 곧 비가 내리려고 한다.

➕ 회화 플러스

A: 你要看吗? Nǐ yào kàn ma?

B: 我不想看。 Wǒ bù xiǎng kàn.

A: 보려고 하니?

B: 보고 싶지 않습니다.

▶ 1 동사 020 要 (21쪽) 참고

005  kěyǐ ~할 수 있다, ~해도 좋다 【번】 可 가히 가 | 以 써 이

➕ 회화 플러스

A: 你明天可以来吗? Nǐ míngtiān kěyǐ lái ma?

B: 可以来。 Kěyǐ lái.

A: 내일 올 수 있습니까?

B: 올 수 있어.

Unit 3 | 형용사

형용사는 사람이나 사물의 형상, 성질, 상태 등을 나타낸다.

3-1 단음절 형용사

001 dà 크다, 많다 【번】大 큰 대

- 好大。Hǎo dà.   아주 크다.
- 不大。Bú dà.   크지 않다.
- 大不了多少。Dà bu liǎo duōshao.   얼마(별로) 크지 않다.
- 下大雨。Xià dàyǔ.   큰 비가 내리다.

➕ 회화 플러스

A: 哥哥比你大几岁? Gēge bǐ nǐ dà jǐ suì?

B: 他比我大两岁。Tā bǐ wǒ dà liǎng suì.

A: 형(오빠)은 나이가 너보다 몇 살이나 많아?

B: 저보다 두 살 많습니다.

002  xiǎo 작다, 나이가 어리다 【번】小 작을 소

- 太小。Tài xiǎo.   너무 작다.
- 不小。Bù xiǎo.   작지 않다.
- 地方小。Dìfang xiǎo.   장소가 좁다.
- 下小雨。Xià xiǎoyǔ.   가랑비가 내리다.

➕ 회화 플러스

A: 他比你大吗? Tā bǐ nǐ dà ma?

B: 他比我小。Tā bǐ wǒ xiǎo.

A: 그는 너보다 나이가 많아?

B: 그는 나보다 어려.

003  duō 많다 【번】多 많을 다

- 多吃。Duō chī.   많이 먹다.
- 多喝。Duō hē.   많이 마시다.
- 太多。Tài duō.   매우 많다.
- 很多人 Hěn duō rén   많은 사람

➕ 회화 플러스

A: 你的行李多不多? Nǐ de xíngli duō bu duō?

B: 不多。Bù duō.

A: 네 짐이 많아?

B: 많지 않아.

004  shǎo 적다, 부족하다 【번】少 적을 소

- 很少。Hěn shǎo.　　　　　　매우 적다.
- 不少。Bù shǎo.　　　　　　적지 않다.
- 少喝一点儿。Shǎo hē yìdiǎnr.　좀 적게 마셔라.
- 穿少了。Chuān shǎo le.　　　적게 입었다.

➕ 회화 플러스

A: 你的工资多不多？Nǐ de gōngzī duō bu duō?

B: 我的工资太少了。Wǒ de gōngzī tài shǎo le.

A: 네 월급이 많아?
B: 내 월급은 너무 적어.

005  yuǎn 멀다 【번】遠 멀 원

- 多远？Duō yuǎn?　　　　　얼마나 멀어?
- 好远。Hǎo yuǎn.　　　　　아주 멀다.
- 不远。Bù yuǎn.　　　　　멀지 않아.
- 不太远。Bú tài yuǎn.　　　별로 멀지 않아.

➕ 회화 플러스

A: 你家离这里多远？Nǐ jiā lí zhèlǐ duō yuǎn?

B: 大概有五公里。Dàgài yǒu wǔ gōnglǐ.

A: 네 집은 여기서 얼마나 멀어?
B: 대략 5km입니다.

 jìn 가깝다 【번】近 가까울 근

- 很近。Hěn jìn.　　아주 가깝다.
- 最近 Zuìjìn　　최근, 요즘
- 靠近 Kàojìn　　(서로간의 거리가) 가깝다
- 附近 Fùjìn　　부근

➕ 회화 플러스

A: 超市离这里近吗? Chāoshì lí zhèlǐ jìn ma?

B: 很近, 在前面往左拐就到了。Hěn jìn, zài qiánmiàn wǎng zuǒ guǎi jiù dào le.

A: 슈퍼마켓은 여기에서 가깝습니까?

B: 가까워요, 앞에서 좌회전하면 바로 있습니다.

  cháng 길다 【번】長 길 장

- 这条路很长。Zhè tiáo lù hěn cháng.　　이 길은 아주 길다.
- 长途电话 Chángtú diànhuà　　장거리 전화
- 长期 Chángqī　　장기간
- 长寿 Chángshòu　　장수하다

➕ 회화 플러스

A: 这条线有多长? Zhè tiáo xiàn yǒu duō cháng?

B: 五米左右。Wǔ mǐ zuǒyòu.

A: 이 선은 얼마나 길어?

B: 대략 5미터입니다.

008  duǎn 짧다 【번】短 짧을 단

□ 时间太短。Shíjiān tài duǎn.　　　시간이 너무 짧다.
□ 文章太短。Wénzhāng tài duǎn.　　문장이 너무 짧다.
□ 短期 Duǎnqī　　　　　　　　　단기간
□ 短暂 Duǎnzàn　　　　　　　　(시간이) 짧다

➕ 회화 플러스

A: 有短袜子吗? Yǒu duǎn wàzi ma?

B: 有, 要几双? Yǒu, yào jǐ shuāng?

A: 짧은 양말 있습니까?

B: 있습니다, 몇 켤레 필요하세요?

009  kuài 빠르다 【번】快 빠를 쾌

□ 速度很快。Sùdù hěn kuài.　　　속도가 아주 빠르다.
□ 进步很快。Jìnbù hěn kuài.　　　진보가 아주 빠르다.
□ 说话太快了。Shuōhuà tài kuài le.　말이 너무 빠르다.
□ 快走吧。Kuài zǒu ba.　　　　　빨리 가자.

➕ 회화 플러스

A: 他跑得怎么样? Tā pǎo de zěnmeyàng?

B: 他跑得真快。Tā pǎo de zhēn kuài.

A: 그는 달리는 게 어떻습니까?

B: 그는 정말 빠르게 달립니다.

010 màn 느리다 【번】慢 느릴 만

- 动作很慢。Dòngzuò hěn màn.　　동작이 아주 느리다.
- 走得很慢。Zǒu de hěn màn.　　아주 느리게 걷다.
- 慢走。Mànzǒu.　　천천히 가세요. 살펴 가세요.
- 有点儿慢。Yǒudiǎnr màn.　　조금 느리다.

➕ 회화 플러스

A: 请你慢一点儿说。Qǐng nǐ màn yìdiǎnr shuō.

B: 好的。Hǎo de.

A: 천천히 말씀해 주세요.

B: 좋아요.

011  hǎo 좋다, 건강하다 【번】好 좋을 호

- 他人很好。Tā rén hěn hǎo.　　그는 사람됨이 아주 좋다.
- 下午去, 好吗? Xiàwǔ qù, hǎo ma?　　오후에 가시죠, 좋습니까?
- 好学生 Hǎo xuésheng　　좋은 학생
- 好办法 Hǎo bànfǎ　　좋은 방법

➕ 회화 플러스

A: 你身体好吗? Nǐ shēntǐ hǎo ma?

B: 谢谢, 挺好。Xièxie, tǐng hǎo.

A: 건강하세요?

B: 감사합니다, 아주 좋습니다.

50

012  huài 나쁘다, 고장 나다 【번】 壞 무너질 괴

□ 天气坏极了。 Tiānqì huài jíle.　날씨가 너무 나쁘다.
□ 坏习惯 Huài xíguàn　나쁜 습관
□ 坏人 Huàirén　나쁜 사람
□ 电脑坏了。 Diànnǎo huài le.　컴퓨터가 고장 났다.

➕ **회화 플러스**

A: 电视机怎么打不开呢? Diànshìjī zěnme dǎ bù kāi ne?

B: 电视机坏了。 Diànshìjī huài le.

A: 텔레비전이 왜 안 켜지지?

B: 텔레비전이 고장 났습니다.

013  duì 맞다, 옳다, 좋다 【번】 對 대답할 대, 대할 대

□ 你说得对。 Nǐ shuō de duì.　네 말이 맞다.
□ 这样做不对。 Zhèyàng zuò bú duì.　이렇게 하는 것은 옳지 않다.
□ 看法很对。 Kànfǎ hěn duì.　견해가 아주 옳다.
□ 脸色不对。 Liǎnsè bú duì.　안색이 좋지 않다.

➕ **회화 플러스**

A: 他说得怎么样? Tā shuō de zěnmeyàng?

B: 他说得太对了。 Tā shuō de tài duì le.

A: 그가 말하는 게 어떻습니까?

B: 그가 말하는 것은 아주 옳다.

014 错 cuò 틀리다, 맞지 않다 【번】错 섞일 착, 어긋날 착

□ 你对, 我错。Nǐ duì, wǒ cuò.　　너는 맞고, 내가 틀렸다.

□ 说错了。Shuō cuò le.　　틀리게 말하다, 잘못 말하다.

□ 写错了。Xiě cuò le.　　틀리게 썼다, 잘못 썼다.

□ 这个字错了。Zhège zì cuò le.　　이 글자는 틀렸다.

 회화 플러스

A: 谁错得多? Shéi cuò de duō?

B: 他比我错得多。Tā bǐ wǒ cuò de duō.

A: 누가 많이 틀렸어?
B: 그가 나보다 많이 틀렸어.

015 高 gāo 높다, 비싸다 【번】高 높을 고

□ 水平高。Shuǐpíng gāo.　　수준이 높다.

□ 多高? Duō gāo?　　얼마나 크니?

□ 个子很高。Gèzi hěn gāo.　　키가 아주 크다.

□ 价钱太高。Jiàqian tài gāo.　　가격이 너무 비싸다.

 회화 플러스

A: 谁的个子高? Shéi de gèzi gāo?

B: 我比他高。Wǒ bǐ tā gāo.

A: 누구의 키가 크니?
B: 내가 그보다 커.

016 ǎi (키가) 작다 【번】矮 키 작을 왜

- 个子很矮。Gèzi hěn ǎi.   키가 아주 작다.
- 桌子矮。Zhuōzi ǎi.   테이블이 낮다.
- 相当矮。Xiāngdāng ǎi.   상당히 작다.
- 矮个子 Ǎigèzi   난쟁이

➕ 회화 플러스

A: 他比你矮几公分? Tā bǐ nǐ ǎi jǐ gōngfēn?

B: 矮三公分。Ǎi sān gōngfēn.

A: 그는 너보다 몇 센티미터나 작아?
B: 3센티미터 작아.

017  xīn 새롭다 【번】新 새로울 신

- 样子很新。Yàngzi hěn xīn.   모양이 아주 새롭다.
- 新宪法 Xīn xiànfǎ   신 헌법
- 最新 zuìxīn   최신이다
- 新鲜 Xīnxiān   신선하다

➕ 회화 플러스

A: 你找到了新的工作了没? Nǐ zhǎodàole xīn de gōngzuò le méi?

B: 还没找到。Hái méi zhǎodào

A: 새로운 직업을 찾았니?
B: 아직 못 찾았어.

018 **旧** jiù 낡다, 옛날의 【번】 **舊** 낡을 구, 옛 구

- 衣服旧了。Yīfu jiù le.　옷이 낡았다.
- 这个太旧了。Zhège tài jiù le.　이것은 너무 낡았다.
- 旧的书包 Jiù de shūbāo　낡은 책가방
- 旧社会 Jiù shèhuì　구사회

 회화 플러스

A: 这种方法怎么样? Zhè zhǒng fāngfǎ zěnmeyàng?

B: 这种方法太旧了。Zhè zhǒng fāngfǎ tài jiù le.

A: 이런 방법은 어때?
B: 이런 방법은 너무 시대에 뒤처져.

019 **冷** lěng 차다 【번】 **冷** 찰 랭

- 天冷了。Tiān lěng le.　날씨가 추워졌다.
- 你冷不冷? Nǐ lěng bu lěng?　안 춥니?
- 我有点冷。Wǒ yǒudiǎn lěng.　좀 추워.
- 天气很冷。Tiānqì hěn lěng.　날씨가 아주 춥다.

 회화 플러스

A: 最近你那儿冷吗? Zuìjìn nǐ nàr lěng ma?

B: 还不太冷。Hái bú tài lěng.

A: 최근에 네가 있는 곳은 춥니?
B: 아직은 별로 안 추워.

020  rè 뜨겁다, 데우다 【번】 熱 뜨거울 열

- 喝热水。Hē rèshuǐ.   뜨거운 물을 마시다.
- 天热。Tiān re.   날씨가 덥다.
- 特别热。Tèbié rè.   특별히 덥다.
- 把菜热一热。Bǎ cài rè yi rè.   음식을 좀 데우다.

➕ 회화 플러스

A: 趁热吃吧。Chèn rè chī ba.

B: 我还不饿呢, 一会儿吃。Wǒ hái bú è ne, yíhuir chī.

A: 뜨거울 때 먹어.

B: 아직 배가 안 고파, 좀 있다가 먹을게.

021 qíng (날씨가) 개다 【번】 晴 갤 청

- 天已经晴了。Tiān yǐjing qíng le.   날씨가 이미 개었다.
- 天渐渐晴了。Tiān jiànjiàn qíng le.   날씨가 점점 개었다.
- 晴转多云。Qíng zhuǎn duō yún.   맑았다가 구름이 많아진다.
- 晴天 Qíngtiān   맑은 날씨

➕ 회화 플러스

A: 下午天气怎么样? Xiàwǔ tiānqì zěnmeyàng?

B: 天晴了, 不用带雨伞。Tiān qíng le, búyòng dài yǔsǎn.

A: 오후의 날씨는 어때?

B: 날씨가 개어 우산을 가져갈 필요 없어.

阴 yīn (날씨가) 흐리다 【번】陰 그늘 음, 흐릴 음

- □ 天阴了。 Tiān yīn le.   날씨가 흐려졌다.
- □ 天渐渐阴了。 Tiān jiànjiàn yīn le.   날씨가 점점 흐려졌다.
- □ 一直很阴。 Yìzhí hěn yīn.   계속 흐리다.
- □ 阴天 yīntiān   흐린 날씨

➕ **회화 플러스**

A: 你们那儿天气怎么样? Nǐmen nàr tiānqì zěnmeyàng?

B: 天突然阴下来了。 Tiān tūrán yīn xiàlai le.

A: 당신이 있는 곳은 날씨가 어떤가요?

B: 날이 갑자기 흐려지기 시작했어요.

 黑 hēi 검다, 어둡다 【번】黑 검을 흑

- □ 皮肤很黑。 Pífū hěn hēi.   피부가 아주 검다.
- □ 又黑又胖。 Yòu hēi yòu pàng.   검고 뚱뚱하다.
- □ 天黑了。 Tiān hēi le.   날이 어두워졌다.
- □ 这里太黑了。 Zhèlǐ tài hēi le.   여기는 너무 어둡다.

➕ **회화 플러스**

A: 他的皮肤怎么样? Tā de pífū zěnmeyàng?

B: 他比去年黑多了。 Tā bǐ qùnián hēi duō le.

A: 그의 피부는 어때?

B: 그는 작년보다 더 검어졌다.

024 bái 희다, 밝다 【번】白 흰 백

- 皮肤真白。 Pífū zhēn bái.   피부가 정말 하얗다.
- 头发都白了。 Tóufa dōu bái le.   머리카락이 다 세었다.
- 白色 báisè   흰색
- 白天 báitiān   낮

➕ 회화 플러스

A: 最近妈妈的脸色怎么样？ Zuìjìn māma de liǎnsè zěnmeyàng?

B: 脸色变白了。 Liǎnsè biàn bái le.

A: 요즘 엄마의 안색은 어때?

B: 안색이 창백해.

025  hóng 붉다, 빨갛다 【번】紅 붉을 홍

- 脸红了。 Liǎn hóng le.   얼굴이 빨개졌다.
- 树叶都红了。 Shùyè dōu hóng le. 나뭇잎이 다 붉어졌다.
- 颜色很红。 Yánsè hěn hóng.   색이 아주 붉다.
- 红叶 hóngyè   단풍

➕ 회화 플러스

A: 你买了什么？ Nǐ mǎile shénme?

B: 我买了一件红色的衣服。 Wǒ mǎile yí jiàn hóngsè de yīfu.

A: 무엇을 샀니?

B: 붉은색 옷 한 벌을 샀어.

 **026** huáng 노랗다 【번】 黃 누를 황

- 颜色很黄。Yánsè hěn huáng.　　색이 아주 노랗다.
- 树叶都黄了。Shùyè dōu huáng le.　나뭇잎이 다 노래졌다.
- 脸黄了。Liǎn huáng le.　　얼굴이 노래졌다.
- 黄色 huángsè　　노란색

➕ 회화 플러스

A: 你的狗是什么颜色的? Nǐ de gǒu shì shénme yánsè de?

B: 黄色的。Huángsè de.

A: 당신의 개는 무슨 색입니까?
B: 황색입니다.

 027 lǜ 푸르다, 녹색의 【번】 綠 푸를 록

- 草绿了。Cǎo lǜ le.　　풀이 푸르러졌다.
- 不是绿的。Bú shì lǜ de.　녹색이 아니다.
- 绿茶 lǜchá　　녹차
- 绿色 lǜsè　　녹색

➕ 회화 플러스

A: 你要喝什么? Nǐ yào hē shénme?

B: 我要喝绿茶。Wǒ yào hē lǜchá.

A: 뭐 마실래?
B: 녹차 마실래.

028 lèi 피곤하다, 지치다, 힘들다 【번】累 여러 루

- 有点累。Yǒudiǎn lèi.　　　　　조금 피곤해.
- 累死了。Lèisǐ le.　　　　　　　피곤해 죽겠다.
- 不累吗? Bú lèi ma?　　　　　　피곤하지 않아?
- 累活儿 lèi huór　　　　　　　　힘든 일

➕ 회화 플러스

A: 你累不累? Nǐ lèi bu lèi?

B: 我一点儿也不累。Wǒ yìdiǎnr yě bú lèi.

A: 피곤하지 않니?

B: 조금도 피곤하지 않아.

029 guì (가격이) 비싸다, 귀중하다 【번】貴 귀할 귀

- 价钱太贵。Jiàqian tài guì.　　　　가격이 너무 비싸다.
- 有点儿贵。Yǒudiǎnr guì.　　　　　조금 비싸다.
- 贵重物品 Guìzhòng wùpǐn　　　　귀중품
- 宝贵 Bǎoguì　　　　　　　　　　진귀하다, 귀중하다

➕ 회화 플러스

A: 这么贵的衣服我不能买。Zhème guì de yīfu wǒ bù néng mǎi.

B: 我们这儿还有便宜的。Wǒmen zhèr hái yǒu piányi de.

A: 이렇게 비싼 옷은 제가 살 수 없어요.

B: 저희 가게에 싼 것도 있습니다.

030  piányi (가격이) 싸다 【번】便 편할 편 | 宜 마땅할 의

➕ 회화 플러스

A: 你的戒指贵不贵? Nǐ de jièzhī guì bu guì?

B: 不贵, 很便宜。 Bú guì, hěn piányi.

A: 네 반지는 비싸니?

B: 비싸지 않아요, 아주 쌉니다.

031 漂亮 piàoliang 아름답다, 예쁘다 【번】漂 뜰 표 | 亮 밝을 량

➕ 회화 플러스

A: 她长得怎么样? Tā zhǎng de zěnmeyàng?

B: 长得很漂亮。 Zhǎng de hěn piàoliang.

A: 그녀는 생김새가 어떻습니까?

B: 예쁘게 생겼어.

032 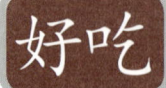 hǎochī 맛있다 【번】好 좋을 호 | 吃 말 더듬을 흘

➕ 회화 플러스

A: 我做的菜好吃吗? Wǒ zuò de cài hǎochī ma?

B: 很好吃。 Hěn hǎochī.

A: 내가 만든 음식 맛있니?

B: 아주 맛있습니다.

033 **高兴** gāoxìng 기쁘다 【번】高 높을 고 | 興 일어날 흥

➕ 회화 플러스

A: 听到这消息了吗? Tīngdào zhè xiāoxi le ma?

B: 听到这消息心里很高兴。 Tīngdào zhè xiāoxi xīnli hěn gāoxìng.

A: 이 소식을 들었니?

B: 이 소식을 듣고 아주 기뻤어.

034 **快乐** kuàilè 즐겁다 【번】快 빠를 쾌 | 樂 즐거울 락

➕ 회화 플러스

A: 祝你周末快乐! Zhù nǐ zhōumò kuàilè!

B: 好的, 下周一见! Hǎo de, xià zhōuyī jiàn!

A: 즐거운 주말을 보내세요!

B: 그래, 다음주 월요일에 봐!

035 **可能** kěnéng 가능하다 【번】可 가할 가 | 能 능할 능

➕ 회화 플러스

A: 他今天能到吗? Tā jīntiān néng dào ma?

B: 这不大可能。 Zhè bú dà kěnéng.

A: 그는 오늘 도착할 수 있을까요?

B: 이것은 그다지 가능하지 않아.

 bú kèqi 무례하다, 버릇없다 【번】客 손 객 | 氣 기운 기

🔋 **회화 플러스**

A: 他人品怎么样? Tā rénpǐn zěnmeyàng?

B: 他太不客气了。 Tā tài bú kèqi le.

A: 그의 사람됨이 어때?

B: 그는 너무 무례해.

Unit 4 | 명사

명사는 인명, 국명, 도시명 등 자신의 고유한 이름을 가진 단어를 가리킨다.

4-1 사람, 신체

001  人 rén 사람 【번】人 사람 인

- □ 有人。 Yǒu rén.　　　　　　누가 있다.
- □ 有人吗? Yǒu rén ma?　　　　누가 있습니까? 계세요?
- □ 缺人。 Quē rén.　　　　　　일손이 부족하다.
- □ 真丢人。 Zhēn diū rén.　　　정말 망신스럽다.

🔌 회화 플러스

A: 你是哪国人? Nǐ shì nǎ guó rén?

B: 我是韩国人。 Wǒ shì Hánguórén.

A: 당신은 어느 나라 사람입니까?

B: 저는 한국인입니다.

 shǒu 손, 어떤 기술이나 기능에 능한 사람 【번】手 손 수

□ 手大。Shǒu dà.		손이 크다. 씀씀이가 크다.
□ 手软。Shǒu ruǎn.		우유부단하다. 마음이 약하다.
□ 手写。Shǒu xiě.		손으로 쓰다.
□ 手笨。Shǒu bèn.		손재주가 없다. 서투르다.
□ 动手。dòng shǒu.		손을 쓰다, 착수하다.
□ 放手。fàng shǒu.		손을 놓다.
□ 手表 shǒubiǎo		손목시계
□ 手套 shǒutào		장갑
□ 歌手 gēshǒu		가수
□ 选手 xuǎnshǒu		선수

➕ 회화 플러스

A: 她的手很漂亮。Tā de shǒu hěn piàoliang.

B: 是的。Shì de.

A: 그녀의 손은 아주 예뻐.

B: 맞아.

003 身体 shēntǐ 몸, 신체 【번】身 몸 신 | 體 몸 체

➕ 회화 플러스

A: 你身体不舒服吗? Nǐ shēntǐ bù shūfu ma?

B: 不, 我身体还好。Bù, wǒ shēntǐ hái hǎo.

A: 몸이 좀 불편하세요?

B: 아니, 그런대로 괜찮아.

004  yǎnjing 눈 【번】眼 눈 안 | 睛 눈동자 정

➕ 회화 플러스

A: 你的眼睛怎么了？ Nǐ de yǎnjing zěnme le?

B: 眼睛花了。 Yǎnjing huā le.

A: 네 눈이 어떻게 된 거야?

B: 눈이 침침해.

005 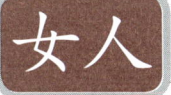 nánrén 남자 【번】男 사내 남 | 人 사람 인

➕ 회화 플러스

A: 怎么样的男人最有魅力？ Zěnmeyàng de nánrén zuì yǒu mèilì?

B: 充满自信的男人。 Chōngmǎn zìxìn de nánrén.

A: 어떤 남자가 가장 매력이 있나요?

B: 자신감이 충만한 남자.

006 女人 nǚrén 여자 【번】女 여자 녀 | 人 사람 인

➕ 회화 플러스

A: 她是什么样的女人? Tā shì shénmeyàng de nǚrén?

B: 她是一个很善良的女人。 Tā shì yí ge hěn shànliáng de nǚrén.

A: 그녀는 어떤 여인이니?

B: 그녀는 아주 착한 여인입니다.

 **007** háizi 아이 【번】孩 어린아이 해 | 子 아들 자

➕ 회화 플러스

A: 你有几个孩子? Nǐ yǒu jǐ ge háizi?

B: 我有两个孩子。Wǒ yǒu liǎng ge háizi.

A: 자녀가 몇 명이니?

B: 난 자녀가 두 명 있어.

 **008** zhàngfu 남편 【번】丈 길이 장 | 夫 사내 부

➕ 회화 플러스

A: 他是谁? Tā shì shéi?

B: 他是我丈夫。Tā shì wǒ zhàngfu.

A: 그는 누구니?

B: 그는 우리 남편이야.

 **009** qīzi 아내 【번】妻 아내 처 | 子 아들 자

➕ 회화 플러스

A: 你妻子在哪儿工作? Nǐ qīzi zài nǎr gōngzuò?

B: 在银行工作。Zài yínháng gōngzuò.

A: 네 아내는 어디에서 근무하니?

B: 은행에서 근무해.

010  bàba 아빠, 아버지 【번】爸 아비 파

🔌 회화 플러스

A: 你爸爸抽烟吗? Nǐ bàba chōuyān ma?

B: 他不抽烟。Tā bù chōuyān.

A: 네 아빠는 담배 피우시니?

B: 안 피우세요.

011  māma 엄마, 어머니 【번】媽 어미 마

🔌 회화 플러스

A: 她是谁的妈妈? Tā shì shéi de māma?

B: 她是小王的妈妈。Tā shì Xiǎo Wáng de māma.

A: 그녀는 누구의 어머니입니까?

B: 그녀는 왕 군의 어머니입니다.

012  érzi 아들 【번】兒 아이 아 | 子 아들 자

🔌 회화 플러스

A: 你有儿子吗? Nǐ yǒu érzi ma?

B: 没有, 只有两个女儿。Méiyǒu, zhǐ yǒu liǎng ge nǚ'ér.

A: 아들이 있습니까?

B: 아뇨, 딸만 둘 있습니다.

013  nǚ'ér 딸 【번】女 여자 녀 | 兒 아이 아

A: 女儿几岁了? Nǚ'ér jǐ suì le?

B: 十五岁了。 Shíwǔ suì le.

A: 딸이 몇 살이나 되었어?
B: 열다섯 살 되었어.

014  gēge 형, 오빠 【번】哥 형 가

A: 你哥哥多大了? Nǐ gēge duō dà le?

B: 他二十一了。 Tā èrshíyī le.

A: 네 형은 몇 살 되었니?
B: 그는 스물한 살 되었습니다.

015 弟弟 dìdi 남동생 【번】弟 아우 제

A: 你弟弟还在读书吗? Nǐ dìdi hái zài dúshū ma?

B: 他去年毕业了。 Tā qùnián bìyè le.

A: 네 동생은 아직 학교에 다니니?
B: 그는 작년에 졸업했습니다.

016 姐姐 jiějie 누나, 언니 【번】姐 누이 저

🔌 회화 플러스

A: 姐姐，你去哪儿？ Jiějie, nǐ qù nǎr?

B: 我去超市。 Wǒ qù chāoshì.

A: 누나, 어디에 가?
B: 슈퍼마켓에 가.

017 妹妹 mèimei 여동생 【번】妹 손아래누이 매

🔌 회화 플러스

A: 你妹妹上小学了吗？ Nǐ mèimei shàng xiǎoxué le ma?

B: 还没上学。 Hái méi shàngxué.

A: 네 여동생은 초등학교에 입학했니?
B: 아직 입학하지 않았어.

018 先生 xiānsheng 선생, 씨(氏) 【번】先 먼저 선 | 生 날 생

🔌 회화 플러스

A: 你认识金先生吗？ Nǐ rènshi Jīn xiānsheng ma?

B: 我不认识他。 Wǒ bú rènshi tā.

A: 너는 김 선생을 아니?
B: 저는 그를 모릅니다.

019 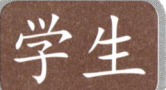 xiǎojie 아가씨, 양(孃) 【번】小 작을 소 | 姐 누이 저

➕ 회화 플러스

A: 小姐，你要哪个？ Xiǎojie, nǐ yào nǎge?

B: 我要这个。 Wǒ yào zhège.

A: 아가씨, 어느 것으로 하실래요?

B: 이것으로 할게요.

020  xuésheng 학생 【번】學 배울 학 | 生 날 생

➕ 회화 플러스

A: 你们学校有多少个学生？ Nǐmen xuéxiào yǒu duōshao ge xuésheng?

B: 五百多个。 Wǔbǎi duō ge.

A: 너희 학교는 학생이 얼마나 되니?

B: 오백여 명입니다.

021 同学 tóngxué 학우, 동창 【번】同 같을 동 | 學 배울 학

➕ 회화 플러스

A: 他是谁的同学？ Tā shì shéi de tóngxué?

B: 他是小李的同学。 Tā shì Xiǎo Lǐ de tóngxué.

A: 그는 누구의 동창이니?

B: 그는 이 군의 동창이야.

022 **朋友** péngyou 친구 【번】 朋 벗 붕 | 友 벗 우

🔖 **회화 플러스**

A: 你有几个知心朋友? Nǐ yǒu jǐ ge zhīxīn péngyou?

B: 大概三四个。 Dàgài sān-sì ge.

A: 너는 절친한 친구가 몇 명 있니?

B: 서너 명 정도.

023 **老师** lǎoshī 선생님 【번】 老 늙을 로 | 師 스승 사

🔖 **회화 플러스**

A: 王老师教得怎么样? Wáng lǎoshī jiāo de zěnmeyàng?

B: 他教得不怎么样。 Tā jiāo de bù zěnmeyàng.

A: 왕 선생님이 가르치시는 것이 어때?

B: 별로야.

024 **医生** yīshēng 의사 【번】 醫 치료할 의 | 生 날 생

🔖 **회화 플러스**

A: 他是西医医生吗? Tā shì xīyī yīshēng ma?

B: 不是, 是中医医生。 Bú shì, shì zhōngyī yīshēng.

A: 그는 양의사입니까?

B: 아닙니다. 그는 중의사입니다.

服务员

fúwùyuán 종업원 【번】服 옷 복 | 務 힘쓸 무 | 員 인원 원

➕ 회화 플러스

A: 服务员, 再来一瓶! Fúwùyuán, zài lái yì píng!

B: 好的。Hǎo de.

A: 여기요(종업원), 한 병 더 주세요!

B: 네.

4-2 자연, 방향, 장소

026

月 yuè 달, 월(月) 【번】月 달 월

□ 在看满月。Zài kàn mǎnyuè.　　　　　　보름달을 보고 있다.

□ 一年有十二个月。Yī nián yǒu shí'èr ge yuè.　1년은 12달이 있다.

□ 月亮 Yuèliang　　　　　　　　　　　　달

□ 十一月 Shíyī yuè　　　　　　　　　　　11월

➕ 회화 플러스

A: 今天几月几号? Jīntiān jǐ yuè jǐ hào?

B: 五月十六号。Wǔyuè shíliù hào.

A: 오늘은 몇 월 며칠입니까?

B: 5월 16일입니다.

027 rì 해, 일(日), 낮, 날 【번】 日 날 일

- 日出东方。Rì chū dōngfāng.   태양은 동쪽에서 떠오른다.
- 改日再谈。Gǎirì zài tán.   후일에 다시 이야기하자.
- 夜以继日 Yèyǐjìrì   밤낮으로 계속하다
- 纪念日 Jìniànrì   기념일

➕ 회화 플러스

A: 你去哪儿? Nǐ qù nǎr?

B: 我去买一些日用品。Wǒ qù mǎi yìxiē rìyòngpǐn.

A: 어디 가니?

B: 약간의 일용품을 사러 가.

028 shuǐ 물 【번】 水 물 수

- 喝点儿水。Hē diǎnr shuǐ.   물을 좀 마신다.
- 水开了。Shuǐ kāi le.   물이 끓는다.
- 喝热水。Hē rèshuǐ.   뜨거운 물을 마신다.
- 喝矿泉水。Hē kuàngquánshuǐ.   생수를 마신다.

➕ 회화 플러스

A: 你要喝什么? Nǐ yào hē shénme?

B: 我要喝凉水。Wǒ yào hē liángshuǐ.

A: 뭐 마실래?

B: 찬물 마시고 싶어.

xuě 눈 【번】 雪 눈 설

□ 下雪。Xiàxuě.	눈이 내린다.
□ 下大雪。Xià dàxuě.	폭설이 내린다.
□ 雪停了。Xuě tíng le.	눈이 그쳤다.
□ 滑雪去了。Huáxuě qù le.	스키 타러 갔다.

➕ 회화 플러스

A: 你喜欢玩儿雪吗? Nǐ xǐhuan wánr xuě ma?

B: 我不喜欢下雪。Wǒ bù xǐhuan xiàxuě.

A: 눈으로 노는 것 좋아하니?

B: 나는 눈 내리는 것 좋아하지 않아.

030

 shàng 위, 앞 【번】 上 위 상

□ 往上看。Wǎng shàng kàn.	위로 보다.
□ 向上拉。Xiàng shàng lā.	위로 당기다.
□ 上次 Shàngcì	지난번
□ 上个月 Shàng ge yuè	지난달

➕ 회화 플러스

A: 会上讨论了什么问题? Huìshàng tǎolùnle shénme wèntí?

B: 会上讨论了很多问题。Huìshàng tǎolùnle hěn duō wèntí.

A: 회의에서 무슨 문제를 토론했어?

B: 회의에서 여러 문제를 토론했어요.

031  xià 아래, 다음 【번】 下 아래 하

- 往下看。 Wăng xià kàn.　　　　아래로 보다.
- 他在楼下。 Tā zài lóuxià.　　　그는 아래층에 있다.
- 下次 xiàcì　　　　　　　　다음
- 下个月 xià ge yuè　　　　　다음 달

➕ 회화 플러스

A: 他什么时候回来呢? Tā shénme shíhou huílái ne?

B: 下星期三。 Xià xīngqīsān.

A: 그는 언제 돌아오니?
B: 다음 주 수요일에.

032  lǐ 안, 속 【번】 里 마을 리

- 在里边。 Zài lǐbian.　　　　안에 있다.
- 屋子里很安静。 Wūzi lǐ hěn ānjìng.　방 안이 아주 조용하다.
- 有人在里面。 Yǒurén zài lǐmian.　누가 안에 있다.
- 里面有谁? Lǐmian yǒu shéi?　안에 누가 있어?

➕ 회화 플러스

A: 金老师在哪儿? Jīn lǎoshī zài nǎr?

B: 在里边。 Zài lǐbian.

A: 김 선생님은 어디에 계신가요?
B: 안에 계셔.

033 外　wài 바깥쪽, 외부 【번】外 바깥 외

- 别往外看。 Bié wǎng wài kàn.　　바깥쪽으로 보지 마.
- 他在外地。 Tā zài wàidì.　　그는 외지에 있다.
- 在外地工作。 Zài wàidì gōngzuò.　　외지에서 일한다.
- 外面很冷。 Wàimiàn hěn lěng.　　바깥은 아주 춥다.

➕ 회화 플러스

A: 门外有谁? Mén wài yǒu shéi?

B: 门外有人等着你。 Mén wài yǒurén děngzhe nǐ.

A: 문 밖에 누가 있어?
B: 문 밖에 누가 너를 기다리고 있어.

034 家　jiā 집 【번】家 집 가

- 家在哪儿? Jiā zài nǎr?　　집이 어디니?
- 他不在家。 Tā bú zài jiā.　　그는 집에 없다.
- 家庭 jiātíng　　가정
- 家乡 jiāxiāng　　고향

➕ 회화 플러스

A: 你家有几口人? Nǐ jiā yǒu jǐ kǒu rén?

B: 我家有四口人。 Wǒ jiā yǒu sì kǒu rén.

A: 식구가 몇 명이니?
B: 네 명이야.

035 **前面** qiánmiàn 앞, 앞면 【번】前 앞 전 | 面 낯 면

➕ **회화 플러스**

A: 图书馆在哪儿? *Túshūguǎn zài nǎr?*

B: 在邮局前面。 *Zài yóujú qiánmiàn.*

A: 도서관은 어디에 있어?
B: 우체국 앞에 있어.

036 **后面** hòumiàn 뒤, 뒷면 【번】後 뒤 후 | 面 낯 면

➕ **회화 플러스**

A: 学校的后面有什么? *Xuéxiào de hòumiàn yǒu shénme?*

B: 有好几个饭馆。 *Yǒu hǎo jǐ ge fànguǎn.*

A: 학교 뒤쪽에 무엇이 있니?
B: 여러 개의 식당이 있어.

037 **左边** zuǒbian 왼쪽 【번】左 왼 좌 | 邊 가 변

➕ **회화 플러스**

A: 小王的左边是谁? *Xiǎo Wáng de zuǒbian shì shéi?*

B: 就是我爸爸。 *Jiù shì wǒ bàba.*

A: 왕 군의 왼쪽에는 누구시니?
B: 바로 우리 아빠야.

038 右边 yòubian 오른쪽 【번】右 오른 우 | 邊 가 변

 회화 플러스

A: 食堂在哪儿? Shítáng zài nǎr?

B: 在图书馆右边。 Zài túshūguǎn yòubian.

A: (구내)식당은 어디에 있니?
B: 도서관 오른쪽에 있어.

039 旁边 pángbiān 옆, 부근 【번】旁 곁 방 | 邊 가 변

회화 플러스

A: 公用电话在哪儿? Gōngyòng diànhuà zài nǎr?

B: 在邮局旁边。 Zài yóujú pángbiān.

A: 공중전화는 어디에 있니?
B: 우체국 옆에 있어.

040 中国 Zhōngguó 중국 【번】中 가운데 중 | 國 나라 국

회화 플러스

A: 你去过中国没有? Nǐ qùguo Zhōngguó méiyǒu?

B: 去年去过一次。 Qùnián qùguo yí cì.

A: 중국에 가 본 적이 있니?
B: 작년에 한 번 가 본 적이 있어.

041  Běijīng 베이징 【번】北 북녘 북 | 京 서울 경

➕ 회화 플러스

A: 你生在哪儿? Nǐ shēng zài nǎr?

B: 我生在北京。 Wǒ shēng zài Běijīng.

A: 너는 어디에서 태어났니?

B: 나는 베이징에서 태어났어.

042 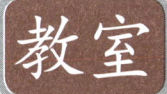 xuéxiào 학교 【번】學 배울 학 | 校 학교 교

➕ 회화 플러스

A: 北京市有几所重点学校? Běijīng Shì yǒu jǐ suǒ zhòngdiǎn xuéxiào?

B: 大概有四十所左右。 Dàgài yǒu sìshí suǒ zuǒyòu.

A: 베이징시에는 중점학교가 몇 개나 있습니까?

B: 대략 40개 정도 있어.

043 教室 jiàoshì 교실 【번】教 가르칠 교 | 室 집 실

➕ 회화 플러스

A: 你们补习班有几间教室? Nǐmen bǔxíbān yǒu jǐ jiān jiàoshì?

B: 有八间教室。 Yǒu bā jiān jiàoshì.

A: 당신네 학원에는 교실이 몇 개나 있습니까?

B: 교실이 여덟 개 있습니다.

044  fànguǎn 식당, 음식점 【번】 飯 밥 반 | 館 집 관

➕ 회화 플러스

A: 这附近有没有饭馆? Zhè fùjìn yǒu méiyǒu fànguǎn?

B: 有是有, 只有卖中餐的。 Yǒu shì yǒu, zhǐ yǒu mài zhōngcān de.

A: 이 부근에 음식점이 있습니까?

B: 있기는 있는데, 중화요리 파는 데만 있습니다.

045 医院 yīyuàn 병원 【번】 醫 치료할 의 | 院 집 원

➕ 회화 플러스

A: 他去哪儿了? Tā qù nǎr le?

B: 他去医院打针了。 Tā qù yīyuàn dǎzhēn le.

A: 그는 어디에 갔니?

B: 그는 병원에 주사 맞으러 갔습니다.

046 商店 shāngdiàn 상점 【번】 商 장사할 상 | 店 가게 점

➕ 회화 플러스

A: 这商店几点关门? Zhè shāngdiàn jǐ diǎn guānmén?

B: 晚上九点关门。 Wǎnshang jiǔ diǎn guānmén.

A: 이 상점은 몇 시에 문을 닫습니까?

B: 저녁 9시에 문을 닫습니다.

047  jīchǎng 공항 【번】 機 기계 기 | 場 마당 장

➕ 회화 플러스

A: 你从哪个机场出发? Nǐ cóng nǎge jīchǎng chūfā?

B: 我从仁川机场出发。 Wǒ cóng Rénchuān jīchǎng chūfā.

A: 어느 공항에서 출발하니?

B: 인천공항에서 출발해.

048  gōngsī 회사 【번】 公 공평할 공 | 司 맡을 사

➕ 회화 플러스

A: 你在哪家公司工作? Nǐ zài nǎ jiā gōngsī gōngzuò?

B: 我在一家大公司工作。 Wǒ zài yì jiā dà gōngsī gōngzuò.

A: 너는 어느 회사에서 일하니?

B: 나는 큰 회사에서 일해.

049 房间 fángjiān 방 【번】 房 방 방 | 間 사이 간

➕ 회화 플러스

A: 你的房间号码是多少? Nǐ de fángjiān hàomǎ shì duōshao?

B: 我的房间号码是301号。 Wǒ de fángjiān hàomǎ shì sān líng yāo hào.

A: 네 방 번호는 몇 번이니?

B: 내 방 번호는 301호야.

050 号 hào 일(日), 호(號) 【번】號 부를 호, 이름 호

□ 几月几号? Jǐ yuè jǐ hào?　　　　　　몇 월 며칠이니?

□ 九月一号。Jiǔ yuè yī hào.　　　　　　9월 1일이야.

□ 你住几号? Nǐ zhù jǐ hào?　　　　　　몇 호에 묵니?

□ 我住612号。Wǒ zhù liù yāo èr hào.　　612호에 묵어.

 회화 플러스

A: 你的生日是几月几号? Nǐ de shēngrì shì jǐ yuè jǐ hào?

B: 十月二十五号。Shí yuè èrshíwǔ hào.

A: 네 생일이 몇 월 며칠이니?
B: 10월 25일이야.

051 时间 shíjiān 시간 【번】時 때 시 | 間 사이 간

회화 플러스

A: 明天你有时间吗? Míngtiān nǐ yǒu shíjiān ma?

B: 上午很忙, 下午有时间。Shàngwǔ hěn máng, xiàwǔ yǒu shíjiān.

A: 내일 시간 있니?
B: 오전에는 바쁘고, 오후에 시간이 있어.

052 **时候** shíhou 때, 시간 【번】 **時** 때 시 | **候** 기후 후, 철 후

➕ 회화 플러스

A: 你什么时候去? Nǐ shénme shíhou qù?

B: 下星期一去。 Xià xīngqīyī qù.

A: 언제 가니?

B: 다음 주 월요일에 가.

053 **小时** xiǎoshí 시간 【번】 **小** 작을 소 | **時** 때 시

➕ 회화 플러스

A: 得几个小时能完成? Děi jǐ ge xiǎoshí néng wánchéng?

B: 得两个小时。 Děi liǎng ge xiǎoshí.

A: 완성하려면 몇 시간이 걸려?

B: 두 시간 걸려.

054 **分钟** fēnzhōng 분 【번】 **分** 나눌 분 | **鐘** 쇠북 종

➕ 회화 플러스

A: 你们洽谈了多长时间? Nǐmen qiàtánle duō cháng shíjiān?

B: 我们只洽谈了二十分钟。 Wǒmen zhǐ qiàtánle èrshí fēnzhōng.

A: 당신들은 얼마 동안 상담했습니까?

B: 우리는 단지 20분간 상담했습니다.

055  shàngwǔ 오전 【번】 上 위 상 | 午 낮 오

➕ 회화 플러스

A: 上午有几节课? Shàngwǔ yǒu jǐ jié kè?

B: 上午有三节课。 Shàngwǔ yǒu sān jié kè.

A: 오전에 몇 시간 수업이 있니?
B: 오전에 세 시간 수업이 있어.

056  zhōngwǔ 정오, 한낮 【번】 中 가운데 중 | 午 낮 오

➕ 회화 플러스

A: 中午有午睡时间吗? Zhōngwǔ yǒu wǔshuì shíjiān ma?

B: 有两个小时的午睡时间。 Yǒu liǎng ge xiǎoshí de wǔshuì shíjiān.

A: 한낮에 낮잠 시간이 있니?
B: 두 시간의 낮잠 시간이 있어.

057 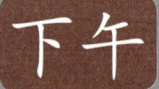 xiàwǔ 오후 【번】 下 아래 하 | 午 낮 오

➕ 회화 플러스

A: 今天下午你有空吗? Jīntiān xiàwǔ nǐ yǒu kòng ma?

B: 下午很忙, 没有空。 Xiàwǔ hěn máng, méiyǒu kòng.

A: 오늘 오후에 시간 있니?
B: 오후에 바빠, 시간이 없어.

058 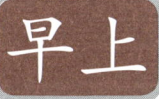 zǎoshang 아침 【번】 早 일찍 조 | 上 위 상

➕ **회화 플러스**

A: 你早上几点起床? Nǐ zǎoshang jǐ diǎn qǐchuáng?

B: 六点半起床。 Liù diǎn bàn qǐchuáng.

A: 아침 몇 시에 일어나니?

B: 6시 반에 일어나.

059  wǎnshang 저녁 【번】 晚 늦을 만 | 上 위 상

➕ **회화 플러스**

A: 你今天晚上做什么? Nǐ jīntiān wǎnshang zuò shénme?

B: 去看电影。 Qù kàn diànyǐng.

A: 오늘 저녁에 무엇을 하려고 하니?

B: 영화 보러 가려고 해.

060  zuótiān 어제 【번】 昨 어제 작 | 天 하늘 천

➕ **회화 플러스**

A: 你是什么时候来的? Nǐ shì shéme shíhou lái de?

B: 我是昨天来的。 Wǒ shì zuótiān lái de.

A: 너는 언제 왔어?

B: 나는 어제 왔어.

061  jīntiān 오늘 【번】今 이제 금 | 天 하늘 천

➕ 회화 플러스

A: 你是今天来的吗? Nǐ shì jīntiān lái de ma?

B: 不是, 是前天来的。 Bú shì, shì qiántiān lái de.

A: 너는 오늘 왔니?
B: 아니, 그저께 왔어.

062  míngtiān 내일 【번】明 밝을 명, 날샐 명 | 天 하늘 천

➕ 회화 플러스

A: 你明天去哪儿? Nǐ míngtiān qù nǎr?

B: 我明天去香港。 Wǒ míngtiān qù Xiānggǎng.

A: 내일 어디 가니?
B: 내일 홍콩에 가.

063 去年 qùnián 작년 【번】去 갈 거 | 年 해 년

➕ 회화 플러스

A: 你是什么时候毕业的? Nǐ shì shénme shíhou bìyè de?

B: 我是去年毕业的。 Wǒ shì qùnián bìyè de.

A: 너는 언제 졸업했어?
B: 나는 작년에 졸업했어.

064 今年 jīnnián 올해 【번】 今 이제 금 | 年 해 년

➕ **회화 플러스**

A: 今年你有什么计划? Jīnnián nǐ yǒu shénme jìhuà?

B: 今年去欧洲旅行。 Jīnnián qù Ōuzhōu lǚxíng.

A: 올해 무슨 계획이 있어?

B: 올해 유럽 여행 가려고 해.

065 明年 míngnián 내년 【번】 明 밝을 명, 날샐 명 | 年 해 년

➕ **회화 플러스**

A: 你什么时候去当兵? Nǐ shénme shíhou qù dāngbīng?

B: 明年去当兵。 Míngnián qù dāngbīng.

A: 너는 언제 군대 가니?

B: 내년에 군대 가려고 합니다.

066 现在 xiànzài 현재, 지금 【번】 现 나타날 현 | 在 있을 재

➕ **회화 플러스**

A: 现在几点钟? Xiànzài jǐ diǎnzhōng?

B: 现在十一点。 Xiànzài shíyī diǎn.

A: 지금 몇 시니?

B: 지금 11시야.

067 **星期** xīngqī 요일, 주일 【번】星 별 성 | 期 기약할 기

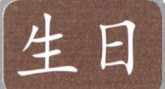 회화 플러스

A: 今天星期几? Jīntiān xīngqī jǐ?

B: 今天星期五。Jīntiān xīngqīwǔ.

A: 오늘 무슨 요일이니?
B: 오늘은 금요일이야.

068 **生日** shēngrì 생일 【번】生 날 생 | 日 날 일

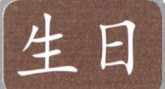 회화 플러스

A: 你的生日是几月几号? Nǐ de shēngrì shì jǐ yuè jǐ hào?

B: 我的生日是五月十六号。Wǒ de shēngrì shì wǔ yuè shíliù hào.

A: 네 생일은 몇 월 며칠이니?
B: 내 생일은 5월 16일이야.

4-4 음식

069 **茶** chá 차 【번】茶 차 다

□ 我想喝茶。Wǒ xiǎng hē chá.　차를 마시려고 해.

□ 采茶。Cǎi chá.　찻잎을 따다.

□ 绿茶 lǜchá　녹차

□ 茶叶 cháyè　찻잎

A: 你要喝什么? Nǐ yào hē shénme?

B: 我要喝绿茶。 Wǒ yào hē lǜchá.

A: 무엇을 마실래?

B: 녹차 마실래.

---

070  cài 요리, 채소 【번】 菜 나물 채

- □ 做菜。 Zuò cài.   요리를 만들다.
- □ 做中国菜。 Zuò Zhōngguó cài.   중국 요리를 만들다.
- □ 会做菜。 Huì zuò cài.   요리를 할 줄 안다.
- □ 种菜。 Zhòng cài.   채소를 재배하다.

➕ 회화 플러스

A: 你喜欢吃韩国菜吗? Nǐ xǐhuan chī Hánguó cài ma?

B: 我特别喜欢吃韩国菜。 Wǒ tèbié xǐhuan chī Hánguó cài.

A: 너는 한국 요리를 좋아하니?

B: 한국 요리를 특별히 좋아해.

---

071  ròu 고기 육 【번】 肉 고기 육

- □ 爱吃肉。 Ài chī ròu.   고기 먹는 것을 좋아한다.
- □ 不爱吃肉。 Bú ài chī ròu.   고기 먹는 것을 싫어한다.
- □ 买了一斤肉。 Mǎile yì jīn ròu.   고기 한 근을 샀다.
- □ 吃牛肉。 Chī niúròu.   소고기를 먹다.

회화 플러스

A: 你喜欢吃肉还是吃鱼? Nǐ xǐhuan chī ròu háishi chī yú?

B: 我都喜欢吃。 Wǒ dōu xǐhuan chī.

A: 너는 고기를 좋아해 아니면 생선을 좋아해?
B: 나는 다 좋아해.

072 鱼 yú 물고기, 생선【번】魚 물고기 어

□ 鱼离不开水。 Yú lí bù kāi shuǐ.　　물고기는 물을 떠나서 살 수 없다.

□ 一条鱼 yì tiáo yú　　　　　　생선 한 마리

□ 钓鱼。 Diàoyú.　　　　　　　낚시를 하다.

□ 带鱼 Dàiyú　　　　　　　　갈치

회화 플러스

A: 你买了几条鱼? Nǐ mǎile jǐ tiáo yú?

B: 我买了两条鱼。 Wǒ mǎile liǎng tiáo yú.

A: 너는 생선 몇 마리를 샀어?
B: 나는 생선 두 마리를 샀어.

073 米饭 mǐfàn 쌀밥【번】米 쌀미 | 饭 밥반

회화 플러스

A: 你一天吃几顿米饭? Nǐ yì tiān chī jǐ dùn mǐfàn?

B: 三顿米饭。 Sān dùn mǐfàn.

A: 너는 하루에 몇 끼의 밥을 먹니?
B: 세 끼의 밥을 먹어.

074 鸡蛋 jīdàn 계란 【번】 鷄 닭 계 | 蛋 알 단

➕ 회화 플러스

A: 来两打鸡蛋。 Lái liǎng dá jīdàn.

B: 好的, 还要别的吗? Hǎode, hái yào biéde ma?

A: 계란 두 판 주세요.

B: 네, 또 다른 것 필요한 것은요?

075 牛奶 niúnǎi 우유 【번】 牛 소 우 | 奶 젖 내

➕ 회화 플러스

A: 你每天喝牛奶吗? Nǐ měitiān hē niúnǎi ma?

B: 我每天喝一瓶牛奶。 Wǒ měitiān hē yì píng niúnǎi.

A: 매일 우유를 마시니?

B: 매일 우유 한 병을 마셔.

076 咖啡 kāfēi 커피 【번】 咖 음역자 가 | 啡 음역자 배

➕ 회화 플러스

A: 这种咖啡的味道怎么样? Zhè zhǒng kafei de wèidao zěnmeyàng?

B: 味道好极了。 Wèidao hǎo jíle.

A: 이런 커피 맛은 어때?

B: 맛이 아주 좋아.

 077 shuǐguǒ 과일 【번】水 물 수 | 果 과실 과, 결과 과

회화 플러스

A: 你喜欢吃哪种水果? Nǐ xǐhuan chī nǎ zhǒng shuǐguǒ?

B: 我喜欢吃西瓜。Wǒ xǐhuan chī xīguā.

A: 너는 어떤 종류의 과일을 좋아하니?
B: 나는 수박을 좋아해.

 078 píngguǒ 사과 【번】蘋 물풀이름 빈 | 果 과실 과, 결과 과

회화 플러스

A: 你买了几斤苹果? Nǐ mǎile jǐ jīn píngguǒ?

B: 我买了四斤。Wǒ mǎile sì jīn.

A: 사과를 몇 근 샀니?
B: 네 근 샀습니다.

 079 xīguā 수박 【번】西 서녘 서 | 瓜 오이 과

회화 플러스

A: 你喜欢吃西瓜还是吃香瓜? Nǐ xǐhuan chī xīguā háishi chī xiāngguā?

B: 我最喜欢吃西瓜。Wǒ zuì xǐhuan chī xīguā.

A: 너는 수박을 좋아하니, 아니면 참외를 좋아하니?
B: 나는 수박을 가장 즐겨 먹어.

4-5 기타

080 shū 책 【번】書 글 서, 책 서

- □ 看书。Kàn shū.　　　　　　책을 보다.
- □ 两本书 Liǎng běn shū　　　책 두 권
- □ 书包 shūbāo　　　　　　　책가방
- □ 书店 shūdiàn　　　　　　　서점

➕ 회화 플러스

A: 这本书有意思吗? Zhè běn shū yǒu yìsi ma?

B: 很有意思。Hěn yǒu yìsi.

A: 이 책은 재미있니?

B: 아주 재미있어.

081  kè 수업, 강의, 과 【번】課 과목 과

- □ 明天没有课。Míngtiān méiyǒu kè.　　내일 수업이 없다.
- □ 今天有三节课。Jīntiān yǒu sān jié kè.　오늘 세 시간의 강의가 있다.
- □ 上课。Shàngkè.　　　　　　　　　수업하다, 수업에 들어가다.
- □ 第一课 Dì-yī kè　　　　　　　　　제 1과

➕ 회화 플러스

A: 今天有没有汉语课? Jīntiān yǒu méiyǒu Hànyǔ kè?

B: 没有。Méiyǒu.

A: 오늘 중국어 수업이 있니?

B: 없어.

 zì 글자 【번】 字 글자 자

- □ 不认识字。 Bú rènshi zì.   글자를 모른다.
- □ 写汉字。 Xiě Hànzì.   한자를 쓰다.
- □ 文字 wénzì   문자
- □ 字典 zìdiǎn   자전

➕ 회화 플러스

A: 这个字怎么念? Zhège zì zěnme niàn?

B: 我也不认识。 Wǒ yě bú rènshi.

A: 이 글자 어떻게 읽지?

B: 나도 모르겠어.

  tí 문제 【번】 题 제목 제

- □ 题目是什么? Tímù shì shénme?   제목이 무엇이니?
- □ 数学题 Shùxué tí   수학 문제
- □ 难题 nántí   난제, 어려운 문제
- □ 问题 wèntí   문제

➕ 회화 플러스

A: 英语考试共有几道题? Yīngyǔ kǎoshì gòng yǒu jǐ dào tí?

B: 一共有五十五道题。 Yígòng yǒu wǔshíwǔ dào tí.

A: 영어 시험은 모두 몇 문제이니?

B: 모두 55문제야.

084 xìng 성, 성씨 【번】姓 성씨 성

□ 你姓什么? Nǐ xìng shénme?　　성이 무엇이니?

□ 您贵姓? Nín guìxìng?　　성씨가 어떻게 되십니까?

□ 我姓金。Wǒ xìng Jīn.　　제 성은 김입니다.

□ 姓名 xìngmíng　　성명

➕ 회화 플러스

A: 您贵姓? Nín guìxìng?

B: 我姓李, 木子李。Wǒ xìng Lǐ, mù zǐ Lǐ.

A: 성씨가 어떻게 되십니까?
B: 제 성은 이입니다, 나무 목에 아들 자 李입니다.

085 māo 고양이 【번】猫 고양이 묘

□ 养一只猫。Yǎng yì zhī māo.　　고양이 한 마리를 기르다.

□ 猫很可爱。Māo hěn kě'ài.　　고양이는 아주 귀엽다.

□ 喜欢养猫。Xǐhuan yǎng māo.　　고양이 기르기를 좋아한다.

□ 黑猫 Hēimāo　　검은 고양이

➕ 회화 플러스

A: 你最喜欢的动物是什么? Nǐ zuì xǐhuan de dòngwù shì shénme?

B: 我最喜欢的动物是猫。Wǒ zuì xǐhuan de dòngwù shì māo.

A: 네가 가장 좋아하는 동물은 무엇이니?
B: 내가 가장 좋아하는 동물은 고양이야.

086  gǒu 개 【번】狗 개 구

- 养一条狗。 Yǎng yì tiáo gǒu.   개 한 마리를 기르다.
- 限制养狗。 Xiànzhì yǎng gǒu.   개를 기르는 것을 제한한다.
- 被狗咬了。 Bèi gǒu yǎo le.   개에게 물렸다.
- 宠物狗 Chǒngwù gǒu   애완견

➕ 회화 플러스

A: 你家养狗吗? Nǐ jiā yǎng gǒu ma?

B: 我们那里限制养狗。 Wǒmen nàlǐ xiànzhì yǎng gǒu.

A: 너희 집은 개를 기르니?

B: 우리가 있는 곳은 개를 기르는 것을 제한해.

087  suì 세, 살 【번】歲 나이 세, 해 세

- 你几岁? Nǐ jǐ suì?   몇 살이니?
- 多大岁数? Duō dà suìshù?   연세가 어떻게 되십니까?
- 虚岁 xūsuì   태어나자마자 한 살로 치는 나이
- 周岁 zhōusuì   만 나이

➕ 회화 플러스

A: 你今年几岁? Nǐ jīnnián jǐ suì?

B: 我今年十五岁。 Wǒ jīnnián shíwǔ suì.

A: 너 올해 몇 살이니?

B: 올해 15살입니다.

088  钱 qián 돈 【번】錢 돈 전

- □ 多少钱? Duōshao qián?   얼마입니까?
- □ 花了很多钱。Huāle hěn duō qián.   돈을 많이 썼다.
- □ 没带钱。Méi dài qián.   돈을 안 가지고 왔다.
- □ 丢了钱包。Diūle qiánbāo.   지갑을 잃어버렸다.

➕ 회화 플러스

A: 你有多少钱? Nǐ yǒu duōshao qián?

B: 我没有钱。Wǒ méiyǒu qián.

A: 돈이 얼마나 있니?

B: 나는 돈이 없어.

089 票 piào 표 【번】票 표 표

- □ 买票。Mǎi piào.   표를 사다.
- □ 买车票。Mǎi chēpiào.   차표를 사다.
- □ 飞机票 Fēijī piào   항공권
- □ 售票处 Shòupiàochù   매표소

➕ 회화 플러스

A: 门票在哪里购买? Ménpiào zài nǎlǐ gòumǎi?

B: 在网上能购买。Zài wǎngshàng néng gòumǎi.

A: 입장권은 어디에서 구매할 수 있니?

B: 인터넷에서도 구매할 수 있어.

090  mén 문 【번】門 문 문

- 门票多少? Ménpiào duōshao? 　입장권이 얼마입니까?
- 请开门。Qǐng kāi mén. 　문 좀 열어주세요.
- 有人敲门。Yǒurén qiāomén. 　누가 노크한다.
- 把门锁上了。Bǎ mén suǒshang le. 　문을 잠갔다.

➕ 회화 플러스

A: 我们在哪儿见面? Wǒmen zài nǎr jiànmiàn?

B: 在学校门口见面吧。Zài xuéxiào ménkǒu jiànmiàn ba.

A: 우리 어디에서 만날까?
B: 학교 입구에서 만나자.

091 lù 길, 노선 【번】路 길 로

- 走路。Zǒu lù. 　(길을) 가다, 걷다.
- 在路上碰见。Zài lùshang pèngjiàn. 　길에서 우연히 만나다.
- 走那条路吧。Zǒu nà tiáo lù ba. 　저 길로 가자.
- 坐105路。Zuò yāo líng wǔ lù. 　105번을 타다.

➕ 회화 플러스

A: 都五点了, 我该走了。Dōu wǔ diǎn le, wǒ gāi zǒu le.

B: 路上小心点儿。Lùshang xiǎoxīn diǎnr.

A: 벌써 5시네, 나는 가야 해.
B: 길 조심해.

092 船 chuán 배 【번】船 배 선

- 划船。Huá chuán.　　　　　　배를 젓다.
- 坐船去天津。Zuò chuán qù Tiānjīn.　배를 타고 톈진에 산다.
- 轮船 lúnchuán　　　　　　　기선
- 两只船 liǎng zhī chuán　　　　배 두 척

➕ 회화 플러스

A: 码头上停着几只船? Mǎtou shàng tíngzhe jǐ zhī chuán?

B: 停着八只船。Tíngzhe bā zhī chuán.

A: 부두에 몇 척의 배가 정박해 있니?
B: 8척이 정박해 있습니다.

093 东西 dōngxi 물건 【번】東 동녘 동 | 西 서녘 서

➕ 회화 플러스

A: 这是谁的东西? Zhè shì shéi de dōngxi?

B: 这是老王的。Zhè shì Lǎo Wáng de.

A: 이것은 누구의 것입니까?
B: 이것은 왕 씨 것입니다.

094 bēizi 컵【번】杯 잔 배 | 子 아들 자

➕ 회화 플러스

A: 这个杯子太大, 有小一点儿的吗? Zhège bēizi tài dà, yǒu xiǎo yìdiǎnr de ma?

B: 有, 马上来。 Yǒu, mǎshàng lái.

A: 이 컵은 너무 크네요, 좀 작은 것 있습니까?
B: 있습니다, 바로 가져올게요.

095 zhuōzi 탁자, 테이블【번】桌 탁자 탁 | 子 아들 자

➕ 회화 플러스

A: 办公室里有几张桌子? Bàngōngshì li yǒu jǐ zhāng zhuōzi?

B: 有四张桌子。 Yǒu sì zhāng zhuōzi.

A: 사무실에 책상이 몇 개 있니?
B: 네 개의 책상이 있습니다.

096 yǐzi 의자【번】椅 의자 의 | 子 아들 자

➕ 회화 플러스

A: 房间里有几把椅子? Fángjiān li yǒu jǐ bǎ yǐzi?

B: 有两把椅子。 Yǒu liǎng bǎ yǐzi.

A: 방 안에 의자가 몇 개 있니?
B: 두 개의 의자가 있습니다.

097 **报纸** bàozhǐ 신문 【번】 報 갚을 보 | 紙 종이 지

➕ 회화 플러스

A: 你订了什么报纸? Nǐ dìngle shénme bàozhǐ?

B: 我订了《新罗日报》。 Wǒ dìngle «Xīnluó Rìbào».

A: 무슨 신문을 구독 예약했니?

B: 나는 〈신라일보〉를 구독 예약했어.

098 **衣服** yīfu 옷 【번】 衣 옷 의 | 服 옷 복

➕ 회화 플러스

A: 这件衣服怎么样? Zhè jiàn yīfu zěnmeyàng?

B: 又好看又便宜。 Yòu hǎokàn yòu piányi.

A: 이 옷은 어때요?

B: 예쁘고도 싸네요.

099 **电影** diànyǐng 영화 【번】 電 전기 전 | 影 그림자 영

➕ 회화 플러스

A: 他们去哪儿了? Tāmen qù nǎr le?

B: 他们去看电影了。 Tāmen qù kàn diànyǐng le.

A: 그들은 어디에 갔니?

B: 그들은 영화 보러 갔어.

100 **电视** diànshì 텔레비전 【번】電 전기 전 | 視 볼 시

＋ 회화 플러스

A: 最近有什么好看的电视节目？ Zuìjìn yǒu shénme hǎokàn de diànshì jiémù?

B: 不知道，我平常不看电视。 Bù zhīdào, wǒ píngcháng bú kàn diànshì.

A: 요즘 볼만한 텔레비전 프로그램이 어떤 것이 있어?

B: 모르겠어, 나는 평소에 텔레비전을 보지 않아.

101 **电脑** diànnǎo 컴퓨터 【번】電 전기 전 | 腦 뇌 뇌

＋ 회화 플러스

A: 这台电脑是什么牌儿的？ Zhè tái diànnǎo shì shénme páir de?

B: 是苹果牌儿的。 Shì Píngguǒ páir de.

A: 이 컴퓨터는 어디 제품이야.

B: 애플 제품이야.

102 **飞机** fēijī 비행기 【번】飛 날 비 | 機 기계 기

＋ 회화 플러스

A: 他坐飞机去还是坐船去？ Tā zuò fēijī qù háishi zuò chuán qù?

B: 坐飞机去。 Zuò fēijī qù.

A: 그는 비행기 타고 가니 아니면 배 타고 가니?

B: 비행기 타고 가.

103 工作　gōngzuò 직업, 업무 【번】工 장인 공 ㅣ 作 지을 작

🔋 회화 플러스

A: 最近工作忙不忙? Zuìjìn gōngzuò máng bu máng?

B: 不太忙。Bú tài máng.

A: 요즘 일이 바쁘니?

B: 별로 바쁘지 않아.

104 运动　yùndòng 운동, 스포츠 【번】運 운전할 운 ㅣ 動 움직일 동

🔋 회화 플러스

A: 你最喜欢什么运动? Nǐ zuì xǐhuan shénme yùndòng?

B: 我最喜欢踢足球。Wǒ zuì xǐhuan tī zúqiú.

A: 너는 무슨 운동을 가장 좋아하니?

B: 축구하는 것을 가장 좋아해.

105 汉语　Hànyǔ 중국어 【번】漢 한나라 한 ㅣ 語 말씀 어

🔋 회화 플러스

A: 你会说汉语吗? Nǐ huì shuō Hànyǔ ma?

B: 只会说几句。Zhǐ huì shuō jǐ jù.

A: 너는 중국어 할 수 있니?

B: 겨우 몇 마디 정도 해.

106  míngzi 이름【번】名 이름 명 | 字 글자 자

🔲 **회화 플러스**

A: 你叫什么名字? Nǐ jiào shénme míngzi?

B: 我叫李东。Wǒ jiào Lǐ Dōng.

A: 이름이 뭐니?
B: 저는 리둥이라고 합니다.

107 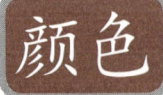 wèntí 문제【번】問 물을 문 | 题 제목 제

🔲 **회화 플러스**

A: 有问题, 你随便提吧。Yǒu wèntí, nǐ suíbiàn tí ba.

B: 没有什么问题。Méiyǒu shénme wèntí.

A: 문제 있으면 언제든지 제기하세요.
B: 별 문제 없습니다.

108 颜色 yánsè 색깔【번】颜 얼굴 안 | 色 빛 색

🔲 **회화 플러스**

A: 你喜欢什么颜色? Nǐ xǐhuan shénme yánsè?

B: 我喜欢黑色。Wǒ xǐhuan hēisè.

A: 너는 무슨 색을 좋아하니?
B: 나는 검은색을 좋아해.

109 事情　shìqing 일, 사건 【번】事 일 사 | 情 뜻 정

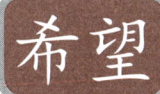 회화 플러스

A: 明天你有什么事情吗? Míngtiān nǐ yǒu shénme shìqing ma?

B: 没什么事情。 Méi shénme shìqing.

A: 내일 너는 무슨 일이 있니?
B: 별다른 일은 없어.

110 意思　yìsi 의미, 뜻 【번】意 뜻 의 | 思 생각 사

회화 플러스

A: 这个词是什么意思? Zhège cí shì shénme yìsi?

B: 这是新词, 我也不知道。 Zhè shì xīncí, wǒ yě bù zhīdao.

A: 이 단어는 무슨 뜻이지?
B: 이것은 신조어라 나도 모르겠네.

111 希望　xīwàng 희망, 꿈 【번】希 바랄 희 | 望 바랄 망

회화 플러스

A: 你有什么希望? Nǐ yǒu shénme xīwàng?

B: 我有一个希望, 就是去美国留学。

Wǒ yǒu yí ge xīwàng, jiù shì qù Měiguó liúxué.

A: 너는 무슨 꿈이 있니?
B: 나는 꿈이 하나 있는데, 바로 미국에 유학 가는 것이야.

Unit 5 | 대명사

대명사는 사람이나 사물 등 다른 품사(명사)를 대신하는 것을 가리킨다.

---

001 这 zhè 이, 이것 【번】 這 이 저

□ 这是什么? Zhè shì shénme?　　　이것은 무엇이니?

□ 说这说那。Shuō zhè shuō nà.　　　이랬다 저랬다 한다.

□ 这个好吃。Zhège hǎochī.　　　이것은 맛있다.

□ 在这儿。Zài zhèr.　　　여기에 있다.

🔖 **회화 플러스**

A: 这是什么? Zhè shì shénme?

B: 这是平板电脑。Zhè shì píngbǎn diànnǎo.

A: 이것은 무엇이니?

B: 이것은 태블릿(Tablet) PC야.

---

002 那 nà 그, 저, 그(저)것 【번】 那 저 나

□ 那是什么? Nà shì shénme?　　　저것은 무엇이니?

□ 那个人是谁? Nàge rén shì shéi?　　　저 사람은 누구이니?

□ 不是那个。Bú shì nàge.　　　저것이 아니야.

□ 去那儿。Qù nàr.　　　거기에 가다.

회화 플러스

A: 那本书是谁写的? Nà běn shū shì shéi xiě de?

B: 是金老师写的。 Shì Jīn lǎoshī xiě de.

A: 저 책은 누가 썼어?

B: 김 선생님이 썼어.

003 nǎ 어느, 어떤 【번】哪 어느 나

□ 哪年生的? Nǎ nián shēng de?　　어느 해 출생했니?

□ 哪个好? Nǎge hǎo?　　어느 것이 좋아?

□ 要买哪个? Yào mǎi nǎge?　　어떤 것을 살래?

□ 去哪儿? Qù nǎr?　　어디에 가니?

회화 플러스

A: 你想买哪件? Nǐ xiǎng mǎi nǎ jiàn?

B: 就买那件吧。 Jiù mǎi nà jiàn ba.

A: 어떤 것으로 사려고 합니까?

B: 저것으로 살래요.

004 shéi 누구 【번】誰 누구 수

□ 他是谁? Tā shì shéi?　　그는 누구이니?

□ 谁不去? Shéi bú qù?　　누가 가지 않니?

□ 谁是小王? Shéi shì Xiǎo Wáng?　　누가 왕 군이니?

□ 谁教你汉语? Shéi jiāo nǐ Hànyǔ?　　누가 네게 중국어를 가르치니?

A: 这是谁的手机? Zhè shì shéi de shǒujī?

B: 这是小李的。 Zhè shì Xiǎo Lǐ de.

A: 이것은 누구의 휴대전화이니?
B: 이것은 이 군의 것입니다.

---

005  wǒ 나, 저【번】我 나 아

□ 我也去。 Wǒ yě qù.　　　　　　　나도 간다.

□ 我是学生。 Wǒ shì xuésheng.　　나는 학생이다.

□ 这不是我的。 Zhè bú shì wǒ de.　이것은 나의 것이 아니다.

□ 我们 Wǒmen　　　　　　　　우리

회화 플러스

A: 这是谁? Zhè shì shéi?

B: 这是我弟弟。 Zhè shì wǒ dìdi.

A: 이 사람은 누구니?
B: 이 사람은 내 동생이야.

---

006 nǐ 너, 당신【번】你 너 니

□ 你也去吗? Nǐ yě qù ma?　　　　너도 가니?

□ 你是老师吗? Nǐ shì lǎoshī ma?　당신은 선생님입니까?

□ 请(你)吃吧。 Qǐng (nǐ) chī ba.　드세요.

□ 你们 nǐmen　　　　　　　　　너희, 당신들

A: 你爸爸在哪里工作? Nǐ bàba zài nǎlǐ gōngzuò?

B: 在银行工作。 Zài yínháng gōngzuò.

A: 네 아버지는 어디에서 일하시니?

B: 은행에서 일하십니다.

---

007  nín 당신('你'의 존칭) 【번】您 당신 닌

□ 给您介绍。 Gěi nín jièshào.　　당신에게 소개해 드리겠습니다.

□ 您贵姓? Nín guìxìng?　　성씨가 어떻게 되십니까?

□ 您别来。 Nín bié lái.　　오지 마십시오.

□ 您几位? Nín jǐ wèi?　　당신들 몇 분이세요?

A: 您贵姓? Nín guìxìng?

B: 我姓朴。 Wǒ xìng Piáo.

A: 성씨가 어떻게 되십니까?

B: 저는 박 가입니다.

---

008 tā 그, 다른 【번】他 다를 타, 남 타

□ 他去吗? Tā qù ma?　　그는 갑니까?

□ 他来吗? Tā lái ma?　　그는 옵니까?

□ 在他那里。 Zài tā nàlǐ.　　그가 있는 곳에 있다.

MP3放在他那里。　　MP3는 그가 있는 곳에 두었다.
MP sān fàng zài tā nàlǐ.

□ 他们 tāmen　　그들

A: 你姐夫也是大夫吗? Nǐ jiěfu yě shì dàifu ma?

B: 不是, 他是公司职员。 Bú shì, tā shì gōngsī zhíyuán.

A: 네 형부도 의사이시니?
B: 아니, 그는 회사원이야.

009 tā 그녀 【번】 她 그녀 타

□ 她很漂亮。 Tā hěn piàoliang.   그녀는 아주 예쁘다.
□ 她教我数学。 Tā jiāo wǒ shùxué.   그녀는 내게 수학을 가르친다.
□ 我教她音乐。 Wǒ jiāo tā yīnyuè.   나는 그녀에게 음악을 가르친다.
□ 她们 tāmen   그녀들

회화 플러스

A: 你妈妈是哪里人? Nǐ māma shì nǎlǐ rén?

B: 她是上海人。 Tā shì Shànghǎi rén.

A: 네 어머니는 어디 사람이시니?
B: 엄마는 상하이 사람이셔.

010  tā 그, 저, 그(저)것 【번】 它 그것 타

□ 他喝了它。 Tā hēle tā.   그는 그것을 마셨다.
□ 它出毛病了。 Tā chū máobìng le.   그것이 고장 났다
□ 其它 qítā   기타, 그 밖
□ 它们 tāmen   그것들

110

➕ 회화 플러스

A: 千万别带它上街! Qiānwàn bié dài tā shàngjiē!

B: 你别担心。Nǐ bié dānxīn.

A: 제발 그것을 들고 거리로 나가지 마세요!
B: 걱정하지 마.

011  měi 매, 각 【번】每 매양 매

□ 每天都去。Měitiān dōu qù.　　　매일마다 간다.
□ 每星期五 měi xīngqīwǔ　　　매주 금요일
□ 每个人 měi ge rén　　　개개인, 각자
□ 每个月 měi ge yuè　　　매월

➕ 회화 플러스

A: 你每天都回家吃饭吗? Nǐ měitiān dōu huíjiā chīfàn ma?

B: 不一定。Bù yídìng.

A: 너는 매일 집에 가서 밥을 먹니?
B: 꼭 그렇지는 않아.

012  zìjǐ 자기, 자신, 스스로 【번】自 스스로 자 | 己 몸 기, 자기 기

➕ 회화 플러스

A: 请带我去。Qǐng dài wǒ qù.

B: 我不想带你, 你自己去吧。Wǒ bù xiǎng dài nǐ, nǐ zìjǐ qù ba.

A: 나를 데리고 가 주세요.
B: 너를 데리고 가고 싶지 않으니, 너 혼자 가.

013  dàjiā 모두, 여러분 【번】 **大** 큰 대 | **家** 집 가

➕ 회화 플러스

A: 大家好！ Dàjiā hǎo!

B: 老师好！ Lǎoshī hǎo!

A: 여러분 안녕하세요!
B: 선생님 안녕하세요!

014  duōshao 얼마 【번】 **多** 많을 다 | **少** 적을 소

➕ 회화 플러스

A: 你们班里有多少个学生？ Nǐmen bān li yǒu duōshao ge xuésheng?

B: 有三十个学生。 Yǒu sānshí ge xuésheng.

A: 너희 반에 학생이 얼마나 있니?
B: 서른 명이 있습니다.

015 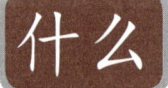 shénme 무엇, 어떤 【번】 **什** 무엇 심 | **麼** 어조사 마

➕ 회화 플러스

A: 这是什么？ Zhè shì shénme?

B: 这是智能手机。 Zhè shì zhìnéng shǒujī.

A: 이것은 무엇이니?
B: 이것은 스마트폰이야.

016 **怎么** zěnme 어떻게, 왜 【번】怎 어찌 즘

➕ 회화 플러스

A: 咱们怎么去呢? Zánmen zěnme qù ne?

B: 骑车去吧。 Qíchē qù ba.

A: 우리 어떻게 가지?
B: 자전거 타고 가자.

017 **怎么样** zěnmeyàng 어떠하다 【번】樣 모양 양

➕ 회화 플러스

A: 你身体怎么样? Nǐ shēntǐ zěnmeyàng?

B: 还好。 Hái hǎo.

A: 건강은 어때?
B: 그런대로 괜찮아.

018 **为什么** wèishénme 왜, 어째서 【번】爲 위할 위

➕ 회화 플러스

A: 你为什么昨天没来? Nǐ wèishénme zuótiān méi lái?

B: 对不起, 我起晚了。 Duìbuqǐ, wǒ qǐwǎn le.

A: 어제 왜 안 왔어?
B: 미안해, 늦게 일어났어.

Unit **6** | 부사

부사는 일반적으로 동사나 형용사 앞에 와서 시간이나 정도 등 주로 문장의 수식 성분으로 쓰인다.

001  bù ~이 아니다 【번】不 아닐 불

'不'는 뒤에 오는 성조가 제4성일 때는 제2성으로 읽음에 주의한다.

- 不大。Bú dà.   크지 않다.
- 不小。Bù xiǎo.   작지 않다.
- 不行。Bù xíng.   안 된다.
- 不要。Búyào.   ~하지 마라.
- 不好。Bù hǎo.   좋지 않다.
- 不要紧。Búyàojǐn.   문제없다, 괜찮다.
- 不用。Bú yòng.   ~할 필요가 없다.
- 不可以。Bù kěyǐ.   할 수 없다, ~해서는 안 된다.
- 不可能。Bù kěnéng.   불가능하다.
- 不送。Bú sòng.   나오지 마세요, 안 나가겠습니다.
- 不错。Bú cuò.   좋다.
- 不对。Bú duì.   틀렸다.
- 不得了。Bùdéliǎo.   대단하다, 큰일났다.
- 不一定。Bù yídìng.   반드시 ~하는 것은 아니다.
- 不敢当。Bù gǎndāng.   천만의 말씀을요.
- 不客气。Bú kèqi.   사양하지 마세요.
- 不简单。Bù jiǎndān.   간단하지 않다, 대단하다.

□ 不介意。 *Bú jièyì.*   개의치 않다.

□ 不知道。 *Bù zhīdào.*   모른다.

□ 不是吗? *Bú shì ma?*   그렇지 않니?

□ 不科学。 *Bù kēxué.*   비과학적이다.

□ 不自然。 *Bú zìrán.*   부자연스럽다, 어색하다.

□ 不怎么样。 *Bù zěnmeyàng.*   그저 그렇다, 별로이다.

➕ 회화 플러스

A: 你去吗? *Nǐ qù ma?*

B: 我不去。 *Wǒ bú qù.*

A: 너 가니?

B: 나는 가지 않아.

002  méi 없다, ~않다 【번】 没 없을 몰

□ 没吃过。 *Méi chīguo.*   먹어본 적이 없어.

□ 没去过。 *Méi qùguo.*   가본 적이 없어.

□ 没有钱。 *Méiyǒu qián.*   돈이 없어.

□ 还没好。 *Hái méi hǎo.*   아직 좋아지지 않았어.

□ 没关系。 *Méi guānxi.*   괜찮아.

□ 你看了没有? *Nǐ kànle méiyǒu?*   보았니?

➕ 회화 플러스

A: 你吃了早饭吗? *Nǐ chīle zǎofàn ma?*

B: 还没吃。 *Hái méi chī.*

A: 아침 먹었니?

B: 아직 안 먹었어.

003 别 bié ~하지 마라 【번】 别 다를 별

- 你别去。Nǐ bié qù.   가지 마라.
- 别客气。Bié kèqi.   사양하지 마세요.
- 别那样做。Bié nàyàng zuò.   그렇게 하지 마세요.
- 别笑。Bié xiào.   웃지 마라.

 회화 플러스

A: 快吃，别客气。Kuài chī, bié kèqi.

B: 那我就不客气了。Nà wǒ jiù bú kèqi le.

A: 사양하지 마시고 어서 드세요.
B: 그럼 제가 사양하지 않겠습니다.

004 很 hěn 매우, 아주 【번】 很 매우 흔

- 很忙。Hěn máng.   아주 바쁘다.
- 忙得很。Máng de hěn.   아주 바쁘다.
- 念得很好。Niàn de hěn hǎo.   잘 읽는다.
- 很会开车。Hěn huì kāichē.   운전을 아주 잘한다.

회화 플러스

A: 她长得怎么样? Tā zhǎng de zěnmeyàng?

B: 长得很漂亮。Zhǎng de hěn piàoliang.

A: 그녀는 생긴 게 어때?
B: 아주 예쁘게 생겼어.

005 dōu 모두, 다, 이미 【번】都 모두 도

- 都可以。Dōu kěyǐ.   다 괜찮다.
- 怎么办都可以。Zěnme bàn dōu kěyǐ.   어떻게 해도 좋다.
- 他们都来了。Tāmen dōu lái le.   그들은 모두 왔다.
- 都十点了。Dōu shí diǎn le.   이미 10시가 되었다.

➕ 회화 플러스

A: 你们都去吗? Nǐmen dōu qù ma?

B: 不都去。Bù dōu qù.

A: 너희들 다 가니?
B: 다 가지는 않아.

006 yě ～도, 또한 【번】也 어조사 야

- 我也去。Wǒ yě qù.   나도 간다.
- 我也去过。Wǒ yě qùguo.   나도 가본 적이 있다.
- 我也去过香港。Wǒ yě qùguo Xiānggǎng.   나도 홍콩에 가본 적이 있다.
- 我也不想吃。Wǒ yě bù xiǎng chī.   나도 먹고 싶지 않다.

➕ 회화 플러스

A: 你想吃什么? Nǐ xiǎng chī shénme?

B: 我什么也不想吃。Wǒ shénme yě bù xiǎng chī.

A: 뭐 먹고 싶어?
B: 나는 어떤 것도 먹고 싶지 않아.

007 hái 아직, 더, 더욱, 그런대로 【번】 還 돌아올 환, 여전히 환

- 还在学校。 Hái zài xuéxiào. 아직도 학교에 있다.
- 天还不热。 Tiān hái bú rè. 날씨가 아직은 덥지 않다.
- 比昨天还冷。 Bǐ zuótiān hái lěng. 어제보다 더 춥다.
- 还不错。 Hái búcuò. 그런대로 좋다.

➕ **회화 플러스**

A: 他比你瘦吗? Tā bǐ nǐ shòu ma?

B: 他比我还胖。 Tā bǐ wǒ hái pàng.

A: 그는 너보다 말랐니?
B: 그는 나보다 더 뚱뚱해.

008  zài 또, 다시, ~하고 나서 【번】 再 다시 재

- 再说一遍。 Zài shuō yí biàn. 한번 더 말씀해 주세요.
- 再来一瓶。 Zài lái yì píng. 한 병 더 주세요.
- 再来一个! Zài lái yí ge! 하나 더. / 앙코르!
- 再喝一杯。 Zài hē yì bēi. 한 잔 더 마시자.

➕ **회화 플러스**

A: 咱们吃了饭再走吧。 Zánmen chīle fàn zài zǒu ba.

B: 时间来不及了, 快走吧! Shíjiān láibují le, kuài zǒu ba!

A: 우리 밥 먹고 가자
B: 그럴 시간 없어, 빨리 가자!

009  tài 아주, 너무, 그다지 【번】 太 클 태

- 太高兴了。 Tài gāoxing le.　　아주 기쁘다.
- 太好了。 Tài hǎo le.　　아주 좋다.
- 太坏了。 Tài huài le.　　너무 나쁘다.
- 不太好。 Bú tài hǎo.　　그다지 좋지 않다.

➕ 회화 플러스

A: 这个东西怎么样? Zhège dōngxi zěnmeyàng?

B: 不太好。 Bú tài hǎo.

A: 이 물건 어때?
B: 그다지 좋지 못해.

010  zhēn 참으로, 진실로 【번】 眞 참 진

- 真的吗? Zhēn de ma?　　정말이니?
- 真的不想去。 Zhēn de bù xiǎng qù. 정말 가고 싶지 않아.
- 他真来吗? Tā zhēn lái ma?　　그는 정말 옵니까?
- 个子真高。 Gèzi zhēn gāo.　　키가 정말 크다.

➕ 회화 플러스

A: 他真喜欢看书吗? Tā zhēn xǐhuan kànshū ma?

B: 他真喜欢看书。 Tā zhēn xǐhuan kànshū.

A: 그는 책 읽기를 정말 좋아합니까?
B: 그는 책 읽기를 정말 좋아해.

011 最 zuì 가장, 제일 【번】最 가장 최

□ 最讨厌他。*Zuì tǎoyàn tā.*   그를 가장 싫어한다.

□ 最爱吃泡菜。*Zuì ài chī pàocài.*   김치를 가장 즐겨 먹는다.

□ 最后 zuìhòu   최후

□ 最近 zuìjìn   최근

 회화 플러스

A: 你妈妈做的菜好吃吗？ *Nǐ māma zuò de cài hǎochī ma?*

B: 她做的菜最好吃。 *Tā zuò de cài zuì hǎochī.*

A: 네 엄마가 만든 음식은 맛있니?

B: 엄마가 만든 음식이 가장 맛있어.

012 多 duō 얼마나 【번】多 많을 다

□ 多好看啊！ *Duō hǎokàn a!*   얼마나 예쁜가!

□ 这几天多忙！ *Zhè jǐ tiān duō máng!*   요 며칠 얼마나 바빠!

□ 多不卫生啊！ *Duō bú wèishēng a!*   얼마나 비위생적인가!

□ 那座大厦有多高？ *Nà zuò dàshà yǒu duō gāo?*   저 빌딩은 얼마나 높아?

회화 플러스

A: 从这儿到火车站有多远？ *Cóng zhèr dào huǒchēzhàn yǒu duō yuǎn?*

B: 大概有一公里左右。 *Dàgài yǒu yì gōnglǐ zuǒyòu.*

A: 여기에서 기차역까지 얼마나 멀어요?

B: 대략 1km 정도입니다.

013 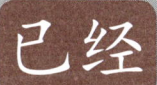 fēicháng 대단히, 아주 【번】非 아닐 비 ┃ 常 항상 상

➕ 회화 플러스

A: 他跑得快吗? Tā pǎo de kuài ma?

B: 他跑得非常快。 Tā pǎo de fēicháng kuài.

A: 그는 빨리 달리니?

B: 그는 아주 빨리 달린다.

014  yǐjing 이미, 벌써 【번】已 이미 이 ┃ 經 지날 경, 경전 경

➕ 회화 플러스

A: 你作业做好了没? Nǐ zuòyè zuòhǎole méi?

B: 我已经做好了。 Wǒ yǐjing zuòhǎo le.

A: 너는 숙제를 다 했니?

B: 나는 이미 다 했어.

015 一起 yìqǐ 같이, 함께 【번】一 하나 일 ┃ 起 일어날 기

➕ 회화 플러스

A: 你跟谁一起去了? Nǐ gēn shéi yìqǐ qù le?

B: 我跟小李一起去了。 Wǒ gēn Xiǎo Lǐ yìqǐ qù le.

A: 너는 누구와 함께 갔니?

B: 나는 이 군과 함께 갔어.

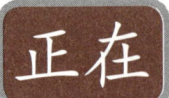

zhèngzài 지금 ~하고 있다 【번】正 바를 정 | 在 있을 재

➕ 회화 플러스

A: 他在干什么? Tā zài gàn shénme?

B: 他正在吃饭呢。 Tā zhèngzài chīfàn ne.

A: 그는 무엇을 하고 있니?

B: 그는 밥을 먹고 있어.

Unit **7** | 수사/양사

수사는 숫자나 수량을, 양사는 사람이나 사물 등의 수를 세는 데 쓰인다.

7-1 수사

001  yī 1, 하나【번】一 하나 일

➕ **회화 플러스**

A: 你有几个好朋友? Nǐ yǒu jǐ ge hǎo péngyou?

B: 我只有一个好朋友。 Wǒ zhǐ yǒu yí ge hǎo péngyou.

A: 너는 좋은 친구가 몇 명이 있니?
B: 좋은 친구 한 명밖에 없어.

002  èr 2, 둘【번】二 두 이

➕ **회화 플러스**

A: 今天几月几号? Jīntiān jǐ yuè jǐ hào?

B: 九月二号。 Jiǔyuè èr hào.

A: 오늘은 몇 월 며칠이니?
B: 9월 2일이야.

003  sān 3, 셋【번】三 석 삼

➕ 회화 플러스

A: 你养了几条小狗? Nǐ yǎngle jǐ tiáo xiǎogǒu?

B: 我养了三条。 Wǒ yǎngle sān tiáo.

A: 너는 강아지 몇 마리를 기르고 있니?

B: 세 마리를 기르고 있어.

004 sì 4, 넷【번】四 넉 사

➕ 회화 플러스

A: 周六工作几个小时? Zhōuliù gōngzuò jǐ ge xiǎoshí?

B: 四个小时。 Sì ge xiǎoshí.

A: 토요일에 몇 시간 일하니?

B: 네 시간.

005  wǔ 5, 다섯【번】五 다섯 오

➕ 회화 플러스

A: 你的手表走得很准吗? Nǐ de shǒubiǎo zǒu de hěn zhǔn ma?

B: 我的手表快五分钟。 Wǒ de shǒubiǎo kuài wǔ fēnzhōng.

A: 네 손목시계는 정확하게 가니?

B: 내 시계는 5분이 빨라.

006 六 liù 6, 여섯 【번】 六 여섯 륙

➕ 회화 플러스

A: 今天星期几? Jīntiān xīngqī jǐ?

B: 星期六。 Xīngqīliù.

A: 오늘은 무슨 요일이니?
B: 토요일이야.

007 七 qī 7, 일곱 【번】 七 일곱 칠

➕ 회화 플러스

A: 你们一共来了几个人? Nǐmen yígòng láile jǐ ge rén?

B: 一共来了七个人。 Yígòng láile qī ge rén.

A: 너희들 모두 몇 명이나 왔니?
B: 모두 7명이 왔습니다.

008 八 bā 8, 여덟 【번】 八 여덟 팔

➕ 회화 플러스

A: 你们班里有几个外国人? Nǐmen bān li yǒu jǐ ge wàiguó rén?

B: 有八个。 Yǒu bā ge.

A: 너희 반에 외국인이 몇 명이나 있니?
B: 8명이 있습니다.

009 九 jiǔ 9, 아홉 【번】九 아홉 구

➕ 회화 플러스

A: 现在几点钟? Xiànzài jǐ diǎnzhōng?

B: 九点一刻。 Jiǔ diǎn yí kè.

A: 지금 몇 시니?

B: 9시 15분이야.

010 十 shí 10, 열 【번】十 열 십

➕ 회화 플러스

A: 你去过韩国吗? Nǐ qùguo Hánguó ma?

B: 我已经去了十几次。 Wǒ yǐjing qùle shí jǐ cì.

A: 한국에 가 본 적이 있니?

B: 나는 이미 열 몇 차례나 갔었어.

011 零 líng 0, 영 【번】零 영 령

➕ 회화 플러스

A: 他的数学成绩怎么样? Tā de shùxué chéngjì zěnmeyàng?

B: 他得了零分。 Tā déle líng fēn.

A: 그의 수학 성적은 어때?

B: 그는 영점 받았어.

012  bǎi 100, 백【번】百 일백 백

➕ 회화 플러스

A: 一年有多少天? Yì nián yǒu duōshao tiān?

B: 一年有三百六十五天。 Yì nián yǒu sānbǎi liùshíwǔ tiān.

A: 일 년은 며칠이니?
B: 일 년은 365일이야.

013  qiān 1,000, 천【번】千 일천 천

➕ 회화 플러스

A: 你们学校有多少个学生? Nǐmen xuéxiào yǒu duōshao ge xuésheng?

B: 有两千多个学生。 Yǒu liǎngqiān duō ge xuésheng.

A: 너희 학교에는 학생이 몇 명이나 있어?
B: 2,000여 명이 있어.

014  jǐ 몇, 얼마【번】幾 몇 기, 얼마 기

➕ 회화 플러스

A: 你要几个? Nǐ yào jǐ ge?

B: 我要两个。 Wǒ yào liǎng ge.

A: 몇 개가 필요합니까?
B: 두 개요.

127

015  liǎng 둘【번】兩 둘 량

➕ 회화 플러스

A: 你买了几本书? Nǐ mǎile jǐ běn shū?

B: 我买了两本书。 Wǒ mǎile liǎng běn shū.

A: 책 몇 권을 샀어?
B: 책 두 권을 샀어.

016  bàn 반【번】半 반 반

➕ 회화 플러스

A: 他回来了吗? Tā huílái le ma?

B: 等了半天, 他还没回来。 Děngle bàntiān, tā hái méi huílái.

A: 그는 돌아왔니?
B: 반나절이나 기다렸는데, 아직 돌아오지 않았어.

017  dì-yī 제1, 첫 번째【번】第 차례 제 | 一 하나 일

➕ 회화 플러스

A: 昨天学到第几课? Zuótiān xué dào dì jǐ kè?

B: 学到第一课。 Xué dào dì-yī kè.

A: 어제 몇 과까지 배웠지?
B: 제1과까지 배웠습니다.

※ 万 wàn (만), 亿 yì (억), 兆 zhào (조)

7-2 양사

018  个 ge 개, 명【번】個 낱개 개

🔋 회화 플러스

A: 你家有几个房间? Nǐ jiā yǒu jǐ ge fángjiān?

B: 有三个房间。 Yǒu sān ge fángjiān.

A: 네 집에 방이 몇 개 있니?
B: 방이 세 개 있어.

019  块 kuài 덩이, 조각【번】塊 덩어리 괴

🔋 회화 플러스

A: 你买了几块面包? Nǐ mǎile jǐ kuài miànbāo?

B: 买了两块面包。 Mǎile liǎng kuài miànbāo.

A: 빵 몇 조각을 샀어?
B: 빵 두 조각을 샀어.

020  件 jiàn 건, 개(짐, 옷, 일, 사건 등을 세는 단위)【번】件 사건 건

🔋 회화 플러스

A: 你买了几件衣服? Nǐ mǎile jǐ jiàn yīfu?

B: 买了三件。 Mǎile sān jiàn.

A: 옷 몇 벌을 샀어?
B: 세 벌을 샀어.

021  zhāng 장(종이나 침대 등을 세는 단위) 【번】張 베풀 장

➕ 회화 플러스

A: 你家有几张床? Nǐ jiā yǒu jǐ zhāng chuáng?

B: 有两张床。Yǒu liǎng zhāng chuáng.

A: 네 집에 침대가 몇 개 있니?
B: 두 개가 있어.

022  cì 차례, 번, 회 【번】次 버금 차, 다음 차

➕ 회화 플러스

A: 你第一次来韩国吗? Nǐ dì-yī cì lái Hánguó ma?

B: 我是第四次了。Wǒ shì dì-sì cì le.

A: 한국에 처음 왔습니까?
B: 네 번째입니다.

023  diǎn 약간, 조금 【번】點 점 점

➕ 회화 플러스

A: 请你慢点儿说。Qǐng nǐ màn diǎnr shuō.

B: 好的。Hǎo de.

A: 좀 천천히 말씀해 주세요.
B: 네.

024  xiē 조금, 약간 【번】些 적을 사

🔋 회화 플러스

A: 这些人都是从哪儿来的? Zhèxiē rén dōu shi cóng nǎr lái de?

B: 都是从韩国来的。 Dōu shi cóng Hánguó lái de.

A: 이 사람들은 다 어디에서 왔습니까?
B: 다 한국에서 왔습니다.

025  yuán 위안(중국의 화폐단위) 【번】元 으뜸 원

🔋 회화 플러스

A: 你有多少钱? Nǐ yǒu duōshao qián?

B: 我有八十五元。 Wǒ yǒu bāshíwǔ yuán.

A: 너는 돈이 얼마나 있니?
B: 85위안이 있어.

026  nián 해, 년 【번】年 해 년

🔋 회화 플러스

A: 你是哪年生的? Nǐ shì nǎ nián shēng de?

B: 我是一九九一年生的。 Wǒ shì yī jiǔ jiǔ yī nián shēng de.

A: 너는 어느 해에 태어났니?
B: 나는 1991년에 태어났어.

027 běn 권【번】本 근본 본

➕ 회화 플러스

A: 你有几本词典? Nǐ yǒu jǐ běn cíiǎn?

B: 我只有一本英语词典。 Wǒ zhǐ yǒu yì běn Yīngyǔ cídiǎn.

A: 사전이 몇 권 있니?

B: 나는 단지 영어 사전 한 권만 있어.

Unit **8** | 전치사

전치사는 서술어의 시간, 장소, 방향 등을 나타낸다.

---

001 lí ~에서, ~로부터 【번】離 떠날 리

➕ 회화 플러스

A: 你家离首尔近吗? Nǐ jiā lí Shǒu'ěr jìn ma?

B: 我家离首尔不太远。 Wǒ jiā lí Shǒu'ěr bú tài yuǎn.

A: 당신 집은 서울에서 가깝습니까?
B: 우리 집은 서울에서 그다지 멀지 않습니다.

---

002  cóng ~로부터 【번】從 따를 종

➕ 회화 플러스

A: 你从哪儿来的? Nǐ cóng nǎr lái de?

B: 我从釜山来的。 Wǒ cóng Fǔshān lái de.

A: 너는 어디에서 왔니?
B: 나는 부산에서 왔어.

003  zài ~에, ~에서 【번】 在 있을 재

➕ **회화 플러스**

A: 你在哪儿学习汉语？ Nǐ zài nǎr xuéxí Hànyǔ?

B: 我在北京大学学习汉语。 Wǒ zài Běijīng Dàxué xuéxí Hànyǔ.

A: 너는 어디에서 중국어를 배우니?

B: 나는 베이징대학에서 중국어를 배워.

▶ 1 동사 003 **在** (11쪽) 참고

004  xiàng ~(으)로, ~에게 【번】 向 향할 향

➕ **회화 플러스**

A: 这本书是你买的吗？ Zhè běn shū shì nǐ mǎi de ma?

B: 不是, 向朋友借的。 Bú shì, xiàng péngyou jiè de.

A: 이 책은 네가 산 것이니?

B: 아니, 친구에게 빌린 것이야.

005  bǐ ~보다 【번】 比 견줄 비

➕ **회화 플러스**

A: 你哥哥比你高吗？ Nǐ gēge bǐ nǐ gāo ma?

B: 我哥哥不比我高。 Wǒ gēge bù bǐ wǒ gāo.

A: 네 형이 너보다 크니?

B: 내 형은 나보다 크지 않아.

Unit 9 | 접속사

접속사는 단어, 구, 문상 등을 연결하여 다양한 의미 관계를 나타낸다.

001  hé ~와(과) 【번】和 화할 화

➕ 회화 플러스

A: 你喜欢哪种水果？ Nǐ xǐhuan nǎ zhǒng shuǐguǒ?

B: 草莓和西瓜。 Cǎoméi hé xīguā.

A: 너는 어떤 과일을 좋아하니?

B: 딸기와 수박.

002  yīnwèi 왜냐하면 【번】因 인할 인 | 爲 위할 위, 할 위

➕ 회화 플러스

A: 你想见他吗？ Nǐ xiǎng jiàn tā ma?

B: 我不想见他, 因为我跟他的关系不太好。

　　Wǒ bù xiǎng jiàn tā, yīnwèi wǒ gēn tā de guānxi bú tài hǎo.

A: 그를 만나고 싶니?

B: 나는 그를 만나고 싶지 않아, 왜냐하면 나는 그와의 관계가 별로야.

003  suǒyǐ 그래서, ~까닭은 【번】所 바 소 | 以 써 이

➕ 회화 플러스

A: 小王能做这件事吗? Xiǎo Wáng néng zuò zhè jiàn shì ma?

B: 因为他年纪小, 所以做不了这件事。

　　Yīnwèi tā niánjì xiǎo, suǒyǐ zuò bu liǎo zhè jiàn shì.

A: 왕 군이 이 일을 할 수 있겠니?

B: 그는 나이가 어려서 이 일을 할 수 없다.

004 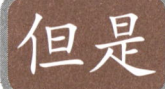 dànshì 그러나, 그렇지만 【번】但 다만 단 | 是 이 시

➕ 회화 플러스

A: 你会说韩国语吗? Nǐ huì shuō Hánguóyǔ ma?

B: 我会说韩国语, 但是发音不标准。

　　Wǒ huì shuō Hánguóyǔ , dànshì fāyīn bù biāozhǔn.

A: 너는 한국어를 할 수 있니?

B: 한국어를 할 수는 있지만 발음이 엉터리야.

Unit **10** | 조사

조사는 다른 말을 도와주거나 다른 말과의 문법적 관계를 나타낸다.

---

001  le 동작이나 변화가 이미 완료되었음을 나타냄【번】了 어조사 료, 마칠 료

➕ 회화 플러스

A: 你看了这部电影吗？ Nǐ kànle zhè bù diànyǐng ma?

B: 我还没看。 Wǒ hái méi kàn.

A: 이 영화 보았니?

B: 나는 아직 안 보았어.

---

002  guo ～한 적이 있다【번】過 지날 과

➕ 회화 플러스

A: 你吃过韩国菜吗？ Nǐ chīguo Hánguó cài ma?

B: 以前吃过一次。 Yǐqián chīguo yí cì.

A: 한국 음식 먹어본 적이 있니?

B: 이전에 한 번 먹어본 적이 있어.

003 zhe ～하고 있다 【번】 着 붙을 착

➕ 회화 플러스

A: 小李干什么？ Xiǎo Lǐ gàn shénme?

B: 正看着小说呢。 Zhèng kànzhe xiǎoshuō ne.

A: 이 군은 뭐하고 있니?

B: 소설을 보고 있어.

004 de ～의, ～는(은) 【번】 的 과녁 적

➕ 회화 플러스

A: 这是谁的书？ Zhè shì shéi de shū?

B: 这是我爸爸的书。 Zhè shì wǒ bàba de shū.

A: 이것은 누구의 책이니?

B: 이것은 우리 아빠의 책이야.

005 de 구조조사로 부사구에 쓰임 【번】 地 땅 지

➕ 회화 플러스

A: 他回去了吗？ Tā huíqu le ma?

B: 嗯, 高高兴兴地回去了。 Ng, gāogaoxìngxìng de huíqu le.

A: 그는 돌아갔니?

B: 응, 기쁘게 돌아갔어.

006  得 de 보어 앞에 쓰여 정도나 가능을 나타냄 【번】得 얻을 득

➕ 회화 플러스

A: 他的话你听得懂吗? Tā de huà nǐ tīng de dǒng ma?

B: 我听不懂。 Wǒ tīng bu dǒng.

A: 그가 하는 말 알아들었니?
B: 못 알아들었어.

007  吗 ma ~까(의문조사로 쓰임) 【번】嗎 어조사 마

➕ 회화 플러스

A: 你吃饭了吗? Nǐ chīfàn le ma?

B: 刚吃饭了。 Gāng chīfàn le.

A: 밥을 먹었습니까?
B: 방금 먹었습니다.

008 呢 ne 의문의 어기를 나타내는 의문조사 【번】呢 어조사 니

➕ 회화 플러스

A: 谁来呢? Shéi lái ne?

B: 还不知道。 Hái bù zhīdào.

A: 누가 오니?
B: 아직 몰라.

ba 제의, 명령, 허가, 추측 등을 나타내는 어기조사 【번】吧 어조사 파

➕ 회화 플러스

A: 你跟我一起去吧。 Nǐ gēn wǒ yìqǐ qù ba.

B: 现在不行, 我有一些急事。 Xiànzài bù xíng, wǒ yǒu yìxiē jíshì.

A: 나랑 같이 가자.

B: 지금은 안 돼, 급한 일이 좀 있어.

Unit 11 | 감탄사

감탄사는 놀람, 감탄, 탄식 등을 나타낸다.

001 a 놀람이나 감탄 등을 나타냄 【번】啊 어조사 아

➕ 회화 플러스

A: 啊，又下雪了。 A, yòu xiàxuě le.

B: 下得大吗? Xià de dà ma?

A: 아, 또 눈이 내리네.
B: 많이 내리니?

002  wèi 어이, 이봐, 여보세요 【번】喂 부르는 소리 외

➕ 회화 플러스

A: 喂，金老师在吗? Wèi, Jīn lǎoshī zài ma?

B: 他不在，您哪位? Tā bú zài, nín nǎ wèi?

A: 여보세요, 김 선생님 계십니까?
B: 그는 안 계십니다. 누구시죠?

141

Unit **12** | 기타

기타 주요 단어 몇 개를 더 숙지한다.

---

001 公斤　gōngjīn 킬로그램 【번】公 함께할 공 | 斤 근 근

➕ **회화 플러스**

A: 这个西瓜有多重? Zhège xīguā yǒu duō zhòng?

B: 有两公斤。Yǒu liǎng gōngjīn.

A: 이 수박은 무게가 얼마나 되죠?
B: 2킬로그램입니다.

---

002 起床　qǐchuáng 기상하다 【번】起 일어날 기 | 床 침대 상

➕ **회화 플러스**

A: 你今天几点起床的? Nǐ jīntiān jǐ diǎn qǐchuáng de?

B: 六点半起床的。Liù diǎn bàn qǐchuáng de.

A: 너는 오늘 몇 시에 일어났니?
B: 6시 반에 일어났어.

003 爬山　pǎshān 등산하다 【번】爬 길 파 | 山 뫼 산

🔲 회화 플러스

A: 你经常爬山吗? Nǐ jīngcháng pǎshān ma?

B: 我每天早上爬山。 Wǒ měitiān zǎoshang pǎshān.

A: 너는 자주 등산을 하니?

B: 나는 매일 아침 등산을 해.

004 踢足球　tī zúqiú 축구를 하다 【번】踢 찰 척 | 足 발 족 | 球 공 구

🔲 회화 플러스

A: 他踢足球踢得怎么样? Tā tī zúqiú tī de zěnmeyàng?

B: 他踢足球踢得很不错。 Tā tī zúqiú tī de hěn búcuò.

A: 그는 축구하는 게 어떻습니까?

B: 그는 축구를 아주 잘해.

005 打篮球　dǎ lánqiú 농구하다 【번】打 칠 타 | 篮 바구니 람 | 球 공 구

🔲 회화 플러스

A: 你会打篮球吗? Nǐ huì dǎ lánqiú ma?

B: 我不会打篮球。 Wǒ bú huì dǎ lánqiú.

A: 너는 농구할 줄 아니?

B: 나는 농구를 할 줄 몰라.

没关系

méi guānxi 괜찮다, 문제없다 【번】 沒 없을 몰 | 關 관계할 관 | 係 맬 계

➕ 회화 플러스

A: 你累了吧? Nǐ lèi le ba?

B: 没关系, 我不累。 Méi guānxi, wǒ bú lèi.

A: 피곤하지요?

B: 괜찮습니다, 피곤하지 않습니다.

PART

중국어
기본 표현

新通

HSK

Unit 1 | 부정할 때 쓰는 표현

거절하거나 아니라고 분명하게 말해야 할 때 쓰는 표현

001 **不要** búyào ~하지 마라

□ 不要去。Búyào qù.		가지 마라.
□ 不要动。Búyào dòng.		움직이지 마라.
□ 不要紧张。Búyào jǐnzhāng.		긴장하지 마라.
□ 不要出去。Búyào chūqu.		나가지 마세요.
□ 不要抽烟。Búyào chōuyān.		담배 피우지 마세요.
□ 不要忘记。Búyào wàngjì.		잊지 마세요.
□ 不要拒绝。Búyào jùjué.		거절하지 마세요.
□ 不要误会。Búyào wùhuì.		오해하지 마세요.
□ 不要超过。Búyào chāoguò.		초과하지 마세요.
□ 不要着急。Búyào zháojí.		조급해하지 마세요.

▶ 2 조동사 004 **要** (43쪽) 참고

002 **不想** bù xiǎng ~하고 싶지 않다

□ 不想去。Bù xiǎng qù.		가고 싶지 않다.
□ 不想说。Bù xiǎng shuō.		말하고 싶지 않다.
□ 不想吃。Bù xiǎng chī.		먹고 싶지 않다.

- 不想抽烟。Bù xiǎng chōuyān. 담배 피우고 싶지 않다.
- 不想长大。Bù xiǎng zhǎngdà. 나이 먹고 싶지 않다.
- 不想吃饭。Bù xiǎng chīfàn. 밥을 먹고 싶지 않다.
- 不想见他。Bù xiǎng jiàn tā. 그를 만나고 싶지 않다.

▶ 2 조동사 003 想 (43쪽) 참고

003 不可 bùkě ~할 수 없다

- 不可告人。Bùkě gàorén. 남에게 말할 수 없다.
- 不可避免。Bùkě bìmiǎn. 피할 수 없다.
- 不可抗拒。Bùkě kàngjù. 저항할 수 없다.
- 不可多得。Bùkě duōdé. 쉽게 얻을 수 없다, 희귀하다.

004 不用 búyòng ~할 필요 없다

- 不用担心。Búyòng dānxīn. 걱정할 필요 없다.
- 不用找。Búyòng zhǎo. 찾을 필요 없다.
- 不用说。Búyòng shuō. 말할 필요 없다.
- 不用着急。Búyòng zháojí. 조급해할 필요 없다.
- 不用客气。Búyòng kèqi. 사양하지 마세요.
- 不用开灯。Búyòng kāidēng. 불을 켤 필요가 없다.
- 不用打开。Búyòng dǎkāi. 열 필요가 없다.

不能 bù néng ～할 수 없다, ～해서는 안 된다

- 不能不。 Bù néng bù.　　　　～하지 않을 수 없다.

- 不能说。 Bù néng shuō.　　　　말할 수 없다.

- 不能去。 Bù néng qù.　　　　갈 수 없다.

- 不能相比。 Bù néng xiāngbǐ.　　서로 비교할 수 없다.

- 不能打开。 Bù néng dǎkāi.　　열 수가 없다.

▶ 2 조동사 001 能 (42쪽) 참고

Unit 2 | 주제별 및 상황별 회화

중국에 출장이나 장기 체류시 꼭 알아야 할 주제별 회화 & 상황별 회화 모음.

2-1 **직업 职业** zhíyè

직업을 물을 때 Ⅰ

 你从事哪个行业? Nǐ cóngshì nǎge hángyè?
당신은 어떤 분야에 종사합니까?

 我从事(　　)。 Wǒ cóngshì (　　).
저는 (　　)에 종사합니다.

□ 工业 gōngyè 　　　　공업
□ 农业 nóngyè 　　　　농업
□ 牧业 mùyè 　　　　목축업
□ 畜牧业 xùmùyè 　　　　축산업
□ 渔业 yúyè 　　　　어업
□ 商业 shāngyè 　　　　상업
□ 企业 qǐyè 　　　　기업
□ 营业 yíngyè 　　　　영업
□ 服务业 fúwùyè 　　　　서비스업

你做什么工作? Nǐ zuò shénme gōngzuò?
당신은 무슨 일을 합니까?

 我是( )。 Wǒ shì ( ).
나는 ( )이다.

□ 律师 lǜshī	변호사
□ 会计师 kuàijìshī	회계사
□ 工程师 gōngchéngshī	엔지니어
□ 厨师 chúshī	요리사
□ 售货员 shòuhuòyuán	판매원
□ 服务员 fúwùyuán	종업원
□ 演员 yǎnyuán	배우
□ 公司职员 gōngsī zhíyuán	회사원
□ 作家 zuòjiā	작가
□ 画家 huàjiā	화가
□ 音乐家 yīnyuèjiā	음악가
□ 记者 jìzhě	기자
□ 自由职业者 ziyóu zhíyèzhě	프리랜서
□ 经理 jīnglǐ	매니저
□ 总经理 zǒng jīnglǐ	사장
□ 歌手 gēshǒu	가수
□ 模特儿 mótèr	모델
□ 医生 yīshēng	의사

□ 护士 hùshi   간호사

□ 导游 dǎoyóu   가이드

□ 老师 lǎoshī   선생님

□ 学生 xuésheng   학생

□ 军人 jūnrén   군인

□ 工人 gōngrén   노동자

□ 警察 jǐngchá   경찰

□ 农民 nóngmín   농민

□ 司机 sījī   운전기사

□ 和尚 héshang   승려

□ 神父 shénfù   (천주교의) 신부

□ 牧师 mùshī   목사

2-2   가족 家属 jiāshǔ

가족을 물을 때

你家有几口人? Nǐ jiā yǒu jǐ kǒu rén?
당신 집에는 식구가 몇 명입니까?

我家有四口人。 Wǒ jiā yǒu sì kǒu rén.
우리 집에는 식구가 네 명입니다.

都有谁? Dōu yǒu shéi?
누구 누구입니까?

爸爸、妈妈、(　　)和我。 Bàba, māma, (　　) hé wǒ.
아빠, 엄마, (　　)와 저입니다.

□ 哥哥 gēge	형, 오빠
□ 弟弟 dìdi	남동생
□ 姐姐 jiějie	누나, 언니
□ 妹妹 mèimei	여동생
□ 爷爷 yéye	할아버지
□ 奶奶 nǎinai	할머니

≫ **기타 가족 관련 단어**

□ 儿子 érzi	아들
□ 女儿 nǚ`ér	딸
□ 家庭 jiātíng	가정
□ 家乡 jiāxiāng	고향
□ 家具 jiājù	가구
□ 家务 jiāwù	집안 일

≫ **일상생활 관련 단어**

□ 煮饭 zhǔfàn	밥을 하다
□ 早饭 zǎofàn	아침밥
□ 午饭 wǔfàn	점심밥
□ 晚饭 wǎnfàn	저녁밥
□ 属相 shǔxiang	띠
□ 相片 xiàngpiàn	사진
□ 起床 qǐchuáng	기상하다
□ 睡觉 shuìjiào	잠자다

2-3 병원 医院 yīyuàn

병원에서

 哪儿不舒服? Nǎr bù shūfu?
어디가 편찮으세요?

 我有点儿(   )。 Wǒ yǒudiǎnr (   ).
저는 (   )가 좀 (   )합니다.

- 牙疼 yáténg   이가 아프다
- 头疼 tóuténg   머리가 아프다
- 腰疼 yāoténg   허리가 아프다

≫ **기타 병원 관련 단어**

- 医院 yīyuàn   병원
- 住院 zhùyuàn   입원하다
- 出院 chūyuàn   퇴원하다
- 院长 yuànzhǎng   원장

- 输血 shūxuè   수혈하다
- 血压 xuèyā   혈압

  ～低 ~dī 혈압이 낮다 / ～高 ~gāo 혈압이 높다

- 血型 xuèxíng   혈액형

  O型 o xíng O형 / A型 ei xíng A형

- 血液 xuèyè   혈액

- 专科医生 zhuānkē yīshēng   전문의

□ 内科 nèikē	내과
□ 外科 wàikē	외과
□ 牙科 yákē	치과
□ 耳科 ěrkē	이(耳)과
□ 儿科 érkē	소아과
□ 妇科 fùkē	산부인과
□ 骨科 gǔkē	정형외과

□ 急诊室 jízhěnshì	응급실
□ 大夫 dàifu	의사
□ 护士 hùshi	간호사
□ 病人 bìngrén	환자
□ X光 x guāng	엑스레이
□ 手术 shǒushù	수술

2-4 학교 学校 xuéxiào

학교에서

 你什么时候( )? Nǐ shénme shíhou ( )?
당신은 언제 ( )합니까?

 我明天( )。 Wǒ míngtiān ( ).
저는 내일 ( )합니다.

| □ 上学 shàngxué | 등교하다 |
| □ 开学 kāixué | 개학하다 |

□ 升学 shēngxué	진학하다
□ 入学 rùxué	입학하다
□ 退学 tuìxué	퇴학하다

≫ 기타 학교 관련 단어

□ 学生 xuésheng	학생
□ 学长 xuézhǎng	선배
□ 学习 xuéxí	공부하다, 배우다
□ 学科 xuékē	학과목, 교과목
□ 放学 fàngxué	하교하다
□ 同学 tóngxué	학우

□ 毕业 bìyè	졸업하다
□ 作业 zuòyè	숙제
□ 专业 zhuānyè	전공
□ 业务 yèwù	업무

□ 放假 fàngjià	방학하다, 휴가로 쉬다
□ 暑假 shǔjià	여름 방학
放~ fàng ~ 여름 방학을 하다	
□ 寒假 hánjià	겨울 방학
放~ fàng ~ 겨울 방학을 하다	

□ 校长 xiàozhǎng	교장, 총장
□ 校园 xiàoyuán	캠퍼스

□ 教室 jiàoshì	교실
□ 教师 jiàoshī	교사

□ 教授 jiàoshòu   교수

□ 教材 jiàocái   교재

□ 老师 lǎoshī   선생님

□ 师兄 shīxiōng   동문 선배

□ 上课 shàngkè   수업하다

□ 下课 xiàkè   수업을 마치다

□ 功课 gōngkè   공부, 수업

□ 课间 kèjiān   수업과 수업 사이

     ~休息 ~xiūxi 수업과 수업 사이 쉬는 시간

□ 课本 kèběn   교과서

□ 课表 kèbiǎo   시간표

*中国天津市〇〇小学四年级课表 (중국 톈진시 〇〇초등학교 4학년 시간표)

	1	2	3	4	5	6	7	8
星期一	周会	数学	语文	科学	英语	语文	兴趣	
星期二	数学	音乐	语文	英语	计算机	计算机	科学	
星期三	英语	数学	语文	实践	社会	音乐	思想	数学
星期四	数学	语文	美术	英语	社会	体育	思想	数学
星期五	数学	作文	作文	英语	体育	语文	美术	扫除

□ 外语 wàiyǔ   외국어

□ 语文 yǔwén   어문, 국어

□ 作文 zuòwén   작문

□ 英语 yīngyǔ   영어

□ 文学 wénxué   문학

□ 数学 shùxué   수학

□ 科学 kēxué   과학

□ 化学 huàxué   화학

□ 物理 wùlǐ   물리

□ 社会 shèhuì   사회

□ 音乐 yīnyuè   음악

□ 美术 měishù   미술

□ 体育 tǐyù   체육

□ 计算机 jìsuànjī   컴퓨터

□ 历史 lìshǐ   역사

□ 扫除 sǎochú   청소

□ 考试 kǎoshì   시험

　　~题 ~tí 시험문제 / 期中~ qīzhōng~ 중간고사 / 期末~ qīmò~ 기말고사

□ 成绩 chéngjì   성적

□ 及格 jígé   합격하다

□ 留级 liújí   유급하다

□ 系 xì   학과

　　中文~ Zhōngwén~ 중문과 / 英文~ Yīngwén~ 영문과

□ 图书馆 túshūguǎn   도서관

□ 操场 cāochǎng   운동장

□ 礼堂 lǐtáng   강당

□ 食堂 shítáng   구내식당

□ 资料室 zīliàoshì   자료실

상점에서

 (   )在哪儿? (   ) zài nǎr?

(   )은 어디에 있습니까?

 请这边来看看。 Qǐng zhèbian lái kànkan.

이쪽으로 와서 보세요.

□ 裤子 kùzi   바지

□ 裙子 qúnzi   치마

□ 衬衫 chènshān   셔츠

□ 内衣 nèiyī   속옷

□ 大衣 dàyī   외투

□ 毛衣 máoyī   스웨터

□ 西服 xīfú   양복

□ 袜子 wàzi   양말

□ 手套 shǒutào   장갑

□ 帽子 màozi   모자

□ 皮鞋 píxié   구두

□ 手提包 shǒutíbāo   핸드백

□ 手表 shǒubiǎo   손목시계

□ 戒指 jièzhǐ   반지

□ 项链 xiàngliàn   목걸이

□ 领带 lǐngdài   넥타이

□ 围巾 wéijīn   목도리, 스카프

□ 香水 xiāngshuǐ   향수

백화점에서

 有没有别的(   )? Yǒu méiyǒu biéde (   )?
다른 (   ) 있습니까?

 有,我查一下。 Yǒu, wǒ chá yíxià.
네, 제가 찾아볼게요.

- □ 颜色 yánsè   색상
- □ 款式 kuǎnshì   스타일, 디자인
- □ 品牌 pǐnpái   브랜드
- □ 大小 dàxiǎo   사이즈

≫ **기타 쇼핑 관련 단어**

- □ 超市 chāoshì   슈퍼마켓
- □ 免税店 miǎnshuìdiàn   면세점
- □ 商场 shāngchǎng   쇼핑 센터, 백화점

- □ 多少(钱) duōshao(qián)   얼마
- □ 刷卡 shuākǎ   카드를 긁다
- □ 不二价 bú'èrjià   정찰제
- □ 打折 dǎzhé   할인, 세일
  打八折 dǎ bā zhé 20% 세일

- □ 退货 tuìhuò   반품
- □ 纪念品 jìniànpǐn   기념품
- □ 礼物 lǐwù   선물
- □ 手推车 shǒutuīchē   카트

□ 停车场 tíngchēchǎng	주차장
□ 洗手间 xǐshǒujiān	화장실
□ 试衣间 shìyījiān	탈의실
□ 电梯 diàntī	엘리베이터
□ 自动楼梯 zìdòng lóutī	에스컬레이터
□ 店员 diànyuán	점원
□ 收银台 shōuyíntái	계산대
□ 开门 kāimén	문을 열다
□ 关门 guānmén	문을 닫다
□ 价钱 jiàqian	가격
□ 质量 zhìliàng	품질
□ 长 cháng	길다
□ 短 duǎn	짧다
□ 大 dà	크다
□ 小 xiǎo	작다
□ 合适 héshì	적당하다
□ 贵 guì	비싸다
□ 便宜 piányi	싸다
□ 喜欢 xǐhuan	좋아하다, 마음에 들다
□ 好看 hǎokàn	예쁘다

2-6 컴퓨터 电脑 diànnǎo

컴퓨터 수리점에서

 (   )出毛病了。(   ) chū máobìng le.
(   )가 고장 났습니다.

 好的, 我查一下。Hǎo de, wǒ chá yíxià.
네, 제가 점검해 볼게요.

□ 显示器 xiǎnshìqì	모니터
□ 硬盘 yìngpán	하드디스크
□ 硬件 yìngjiàn	하드웨어
□ 键盘 jiànpán	키보드
□ 鼠标 shǔbiāo	마우스

≫ **기타 컴퓨터 관련 단어**

□ 网吧 wǎngbā   PC방
□ 上网 shàngwǎng   인터넷에 접속하다, 인터넷을 하다
  上不了 buliǎo 网 인터넷 접속이 안 된다

□ 更新 gēngxīn   업데이트하다
□ 计算机 jìsuànjī   컴퓨터
□ 光盘 guāngpán   시디(CD)
□ 软盘 ruǎnpán   디스켓
□ 软件 ruǎnjiàn   소프트웨어

식당에서

 不要太(　)。 Búyào tài (　).
너무 (　)게 하지 마세요.

 好的。 Hǎo de.
네, 좋아요.

□ 辣 là　　　　　　　　　매다

□ 咸 xián　　　　　　　　짜다

□ 淡 dàn　　　　　　　　싱겁다

□ 甜 tián　　　　　　　　달다

□ 酸 suān　　　　　　　시다

□ 苦 kǔ　　　　　　　　쓰다

□ 油腻 yóunì　　　　　　느끼하다

커피숍이나 찻집에서

 来两杯(　)。 Lái liǎng bēi (　).
(　) 두 잔 주세요.

 好的, 请等一下。 Hǎo de, qǐng děng yíxià.
네, 잠시만 기다려 주세요.

□ 咖啡 kāfēi　　　　　　커피

□ 绿茶 lǜchá　　　　　　녹차

□ 牛奶 niúnǎi　　　　　우유

□ 可乐 kělè　　　　　　콜라

□ 橙汁 chéngzhī　　　　오렌지 주스

□ 饮料 yǐnliào   음료수

≫ 기타 식당 관련 단어

□ 餐巾纸 cānjīnzhǐ   냅킨

□ 湿毛巾 shīmáojīn   물수건

□ 餐刀 cāndāo   나이프

□ 勺子 sháozi   국자, 숟가락

□ 筷子 kuàizi   젓가락

□ 碗 wǎn   그릇

□ 服务 fúwù   서비스

□ 服务员 fúwùyuán   종업원

□ 服务费 fúwùfèi   봉사료

□ AA制 AA zhì   더치페이

□ 发票 fāpiào   영수증

□ 收据 shōujù   간이 영수증

□ 签字 qiānzì   서명하다, 사인하다

□ 刷卡 shuākǎ   카드를 긁다

□ 零钱 língqián   잔돈

□ 菜单 càidān   메뉴판

□ 打包 dǎbāo   포장하다

□ 干杯 gānbēi   건배

□ 味道 wèidao   맛

□ 中国菜 Zhōngguó cài   중국 요리

□ 西餐 xīcān   서양 요리, 양식

□ 啤酒 píjiǔ   맥주

□ 扎啤 zhápí	생맥주
□ 威士忌 wēishìjì	위스키
□ 白酒 báijiǔ	고량주, 백주

≫ 기타 음식 재료 관련 단어

□ 鱼 yú	물고기
□ 肉 ròu	고기
□ 海鲜 hǎixiān	해산물
□ 虾 xiā	새우
□ 鸡蛋 jīdàn	달걀
□ 豆腐 dòufu	두부
□ 大白菜 dàbáicài	배추
□ 萝卜 luóbo	무
□ 葱 cōng	파
□ 洋葱 yángcōng	양파
□ 黄瓜 huángguā	오이
□ 蘑菇 mógu	버섯
□ 菠菜 bōcài	시금치
□ 韭菜 jiǔcài	부추
□ 土豆 tǔdòu	감자
□ 盐 yán	소금
□ 辣椒粉 làjiāofěn	고춧가루
□ 胡椒面 hújiāomiàn	후춧가루
□ 醋 cù	식초
□ 酱油 jiàngyóu	간장
□ 香油 xiāngyóu	참기름

□ 食用油 shíyòngyóu 　　　　　　　　식용유

≫ 기타 요리 관련 단어

□ 火锅 huǒguō 　　　　　　　　　샤브샤브
□ 麻婆豆腐 mápo dòufu 　　　　　마파두부
□ 烤鸭 kǎoyā 　　　　　　　　　　오리구이
□ 鱼香肉丝 yúxiāng ròusī 　　　　고기채볶음
□ 京酱肉丝 jīngjiàng ròusī 　　　　고기자장볶음
□ 辣子鸡丁 làzi jīdīng 　　　　　　고추닭고기볶음
□ 宫保鸡丁 gōngbǎo jīdīng 　　　　땅콩닭볶음
□ 葱爆牛肉 cōngbào niúròu 　　　　소고기파볶음
□ 糖醋里脊 tángcù lǐji 　　　　　탕수육

□ 主食 zhǔshí 　　　　　　　　　주식(밥,국수,만두 등이 이에 속한다)
□ 炒饭 chǎofàn 　　　　　　　　볶음밥
□ 面 miàn 　　　　　　　　　　　국수
□ 饺子 jiǎozi 　　　　　　　　　만두
□ 馒头 mántou 　　　　　　　　(소가 없는) 찐빵

2-8　교통 交通 jiāotōng

정류장에서 | 길을 물을 때

 请问, (　　)在哪儿? Qǐngwèn, (　　) zài nǎr?
(　　)이 어디에 있습니까?

 在前面往右拐就到了。 Zài qiánmiàn wǎng yòu guǎi jiù dào le.
앞쪽에서 우회전하면 바로 있습니다.

□ 车站 chēzhàn	정류장
□ 火车站 huǒchēzhàn	기차역
□ 地铁站 dìtiězhàn	지하철역
□ 天安门 Tiān'ānmén	천안문
□ 王府井 Wángfǔjǐng	왕푸징(베이징의 번화가)
□ 博物馆 bówùguǎn	박물관
□ 电影院 diànyǐngyuàn	영화관
□ 动物园 dòngwùyuán	동물원
□ 书店 shūdiàn	서점
□ 百货公司 bǎihuò gōngsī	백화점

≫ 기타 교통 관련 단어

□ 红绿灯 hónglǜdēng	신호등
□ 十字路口 shízì lùkǒu	네거리, 교차로
□ 附近 fùjìn	부근
□ 走路 zǒulù	길을 걷다
□ 迷路 mílù	길을 잃다
□ 公共汽车 gōnggòng qìchē	버스
□ 出租汽车 chūzū qìchē	택시
□ 火车 huǒchē	기차
□ 地铁 dìtiě	지하철
□ 城铁 chéngtiě	도시철도
□ 直快 zhíkuài	직행
□ 特快 tèkuài	특급
□ 高铁 gāotiě	고속철도
□ 卧铺车 wòpùchē	침대차
□ 卧铺票 wòpùpiào	침대칸표

□ 乘客 chéngkè	승객
□ 座位 zuòwèi	좌석
□ 售票处 shòupiàochù	매표소
□ 换车 huànchē	(차를) 갈아타다
□ 打的 dǎdī	택시를 타다
□ 一直走 yìzhí zǒu	똑바로 가다
□ 右拐 yòu guǎi	우회전하다
□ 左拐 zuǒ guǎi	좌회전하다
□ 掉头 diàotóu	유턴하다
□ 堵车 dǔchē	차가 막히다
□ 停车 tíngchē	정차하다

Unit 3 | 서바이벌 장면별 회화

중국에 가거나 중국 현지에서 활용할 수 있는 회화 모음.

3-1 **공항 机场** jīchǎng

♣ 어디에서 탑승합니까?

在哪儿登机?

Zài nǎr dēngjī?

♣ 어디에서 로밍 서비스를 신청합니까?

在哪儿办漫游服务?

Zài nǎr bàn mànyóu fúwù?

♣ 제 짐이 없어졌어요.

我的行李不见了。

Wǒ de xíngli bújiàn le.

♣ 중국에 출장 왔습니다.

我来中国出差。

Wǒ lái Zhōngguó chūchāi.

♣ 중국에 여행 왔습니다.

我来旅游中国。

Wǒ lái lǚyóu Zhōngguó.

3-2 호텔 饭店 fàndiàn

♣ 1인실 하나 주세요.

我要一个单人房间。
Wǒ yào yí ge dānrén fángjiān.

♣ 2인실 하나 주세요.

我要一个双人房间。
Wǒ yào yí ge shuāngrén fángjiān.

♣ 1박에 얼마입니까?

住一天多少?
Zhù yì tiān duōshao?

♣ 며칠 묵습니까?

住几天?
Zhù jǐ tiān?

♣ 식당은 몇 시에 문을 엽니까?

餐厅几点开门?
Cāntīng jǐ diǎn kāimén?

♣ 세탁 서비스를 제공합니까?

提供洗衣服务吗?
Tígōng xǐyī fúwù ma?

♣ 제 방의 에어컨이 고장 났습니다.

我房间的空调坏了。
Wǒ fángjiān de kōngtiáo huài le.

♣ 제 방의 변기가 고장 났습니다.

我房间的马桶坏了。

Wǒ fángjiān de mǎtǒng huài le.

3-3 노래방 歌厅 gētīng

♣ 선곡하세요.

点歌吧。

Diǎngē ba.

♣ 한국어 노래 있습니까?

有韩文歌曲吗?

Yǒu Hánwén gēqǔ ma?

♣ 먼저 한 곡 부르세요.

你先唱一首歌吧。

Nǐ xiān chàng yì shǒu gē ba.

♣ 저는 노래를 못 합니다.

我不会唱歌。

Wǒ bú huì chànggē.

♣ 저는 음치입니다.

我没有音乐细胞。

Wǒ méiyǒu yīnyuè xìbāo.

♣ 노래를 잘하시네요.

你唱得不错。

Nǐ chàng de búcuò.

3-4   **우체국 邮局** yóujú

♣ 항공 우편으로 부치려고 합니다.
我寄航空邮件。
Wǒ jì hángkōng yóujiàn.

♣ 소포를 부치려고 합니다.
我要寄包裹。
Wǒ yào jì bāoguǒ.

♣ 샘플입니다.
这是样品。
Zhè shì yàngpǐn.

♣ 며칠 걸립니까?
几天能到?
Jǐ tiān néng dào?

3-5   **은행 银行** yínháng

♣ 환전하려고 합니다.
我要换钱。
Wǒ yào huànqián.

♣ 인민폐로 바꾸어 주세요.
换人民币。
Huàn rénmínbì.

♣ 신용카드 하나 만들려고 합니다.

我要办一张信用卡。

Wǒ yào bàn yì zhāng xìnyòngkǎ.

♣ 비밀번호 눌러 주세요.

请输入密码。

Qǐng shūrù mìmǎ.

3-6 **전화** 电话 diànhuà

♣ 여보세요, 왕 선생님 계십니까?

喂, 王先生在吗?

Wèi, Wáng xiānsheng zài ma?

♣ 미안합니다, 잘못 걸었습니다.

对不起, 我打错了。

Duìbuqǐ, wǒ dǎcuò le.

♣ 잘 못 들었습니다.

我听不清楚。

Wǒ tīng bu qīngchu.

♣ 천천히 말씀해 주세요.

请慢慢说。

Qǐng mànmàn shuō.

3-7 인터넷 上网 shàngwǎng

♣ 이 부근에 PC방 있습니까?

这附近有网吧吗?

Zhè fùjìn yǒu wǎngbā ma?

♣ 인터넷 하는데 한 시간에 얼마입니까?

上网一个小时多少钱?

Shàngwǎng yí ge xiǎoshí duōshao qián?

♣ 이메일로 보내 주세요.

给我发电子邮件。

Gěi wǒ fā diànzǐ yóujiàn.

♣ 동영상이 열리지 않아요.

视频打不开。

Shìpín dǎ bu kāi.

3-8 관광지 旅游区 lǚyóuqū

♣ 매표소가 어디에 있습니까?

售票处在哪儿?

Shòupiàochù zài nǎr?

♣ 화장실이 어디에 있습니까?

洗手间在哪儿?

Xǐshǒujiān zài nǎr?

♣ 입장권이 얼마입니까?

门票多少?

Ménpiào duōshao?

♣ 사진 찍어도 됩니까?

可以拍照吗?

Kěyǐ pāizhào ma?

♣ 사진 좀 찍어주시겠습니까?

请帮我照一下, 好吗?

Qǐng bāng wǒ zhào yíxià, hǎo ma?

♣ 몇 시에 문 닫습니까?

几点关门?

Jǐ diǎn guānmén?

3-9　**긴급 상황 紧急情况** jǐnjí qíngkuàng

♣ 살려(도와) 주세요!

救命啊!

Jiùmìng a!

♣ 여권과 지갑을 잃어버렸습니다.

护照和钱包丢了。

Hùzhào hé qiánbāo diū le.

♣ 제 지갑을 소매치기 당했습니다.

我的钱包给偷走了。

Wǒ de qiánbāo gěi tōu zǒu le.

♣ 한국 대사관으로 갑시다.

去韩国大使馆。

Qù Hánguó dàshǐguǎn.

3-10 병원 医院 yīyuàn

♣ 이 부근에 병원이 있습니까?

这附近有医院吗?

Zhè fùjìn yǒu yīyuàn ma?

♣ 어디가 편찮으세요?

哪儿不舒服?

Nǎr bù shūfu?

♣ 머리가 조금 아픕니다.

有点儿头疼。

Yǒudiǎnr tóuténg.

♣ 배가 몹시 아픕니다.

肚子疼得厉害。

Dùzi téng de lìhai.

♣ 심합니까?

严重吗?

Yánzhòng ma?

약국 药店 yàodiàn

♣ 감기에 걸렸습니다.
我感冒了。
Wǒ gǎnmào le.

♣ 설사가 납니다.
我拉肚子了。
Wǒ lā dùzi le.

♣ 지사제 있습니까?
有止泻药吗?
Yǒu zhǐxièyào ma?

♣ 아스피린 있습니까?
有阿司匹林吗?
Yǒu āsīpǐlín ma?

♣ 하루에 몇 번 복용합니까?
一天吃几次?
Yì tiān chī jǐ cì?

3-12 비즈니스 업무 商务 shāngwù

♣ 제 명함입니다.
这是我的名片。
Zhè shì wǒ de míngpiàn.

176

♣ 저희에게 샘플 좀 보여 주세요.

给我们看看样品。

Gěi wǒmen kànkan yàngpǐn.

♣ 박람회에 참관하고 싶습니다.

我想参观博览会。

Wǒ xiǎng cānguān bólǎnhuì.

♣ 귀 회사의 공장을 참관하고 싶습니다.

我想参观贵公司的工厂。

Wǒ xiǎng cānguān guì gōngsī de gōngchǎng.

♣ 귀 회사의 주요 생산품은 무엇입니까?

贵公司主要做什么?

Guì gōngsī zhǔyào zuò shénme?

♣ 판매 가격을 제시해 주세요.

请报一下售价。

Qǐng bào yíxià shòujià.

♣ 우리 오후에 계속 이야기합시다.

我们下午继续谈吧。

Wǒmen xiàwǔ jìxù tán ba.

新HSK와 通하는 중국어 첫걸음

PART 3

新HSK 3급
단어와 예문

新通

祝 zhù

기원하다, 축하하다

祝你生日快乐。
Zhù nǐ shēngrì kuàilè.
생일 축하합니다.

长 zhǎng

자라다, 생기다

他已经长大了。
Tā yǐjing zhǎngdà le.
그는 이미 성장했다.

站 zhàn

서다, 일어서다

大家都站起来。
Dàjiā dōu zhàn qǐlai.
모두들 일어나세요.

用 yòng

쓰다, 사용하다

你会用筷子吗?
Nǐ huì yòng kuàizi ma?
너는 젓가락을 사용할 줄 아니?

像 xiàng

~와 같다, 비슷하다, 닮다

他很像他妈妈。
Tā hěn xiàng tā māma.
그는 그의 엄마를 아주 닮았다.

习惯 xíguàn

습관이 되다, 익숙해지다

他已经习惯了这里的生活。
Tā yǐjing xíguànle zhèli de shēnghuó.
그는 이미 이곳의 생활에 익숙해졌다.

使	shǐ	(~에게) ~시키다, ~하게 하다
		使人高兴。
		Shǐ rén gāoxìng.
		다른 사람을 기쁘게 하다.

骑	qí	(동물이나 자전거 등에) 타다
		骑车走吧!
		Qíchē zǒu ba!
		자전거를 타고 가자!

拿	ná	쥐다, 잡다, 가지다
		我一个人拿不动。
		Wǒ yí ge rén ná bu dòng.
		나 혼자서는 들 수 없다.

哭	kū	울다
		别哭。
		Bié kū.
		울지 마.

借	jiè	빌리다, 빌려 주다
		我借給他一百元。
		Wǒ jiè gěi tā yì bǎi yuán.
		나는 그에게 백 위안을 빌려 주었다.

接	jiē	받다, 접수하다, 마중하다
		我接到了你的信。
		Wǒ jiēdàole nǐ de xìn.
		네 편지를 받았다.

教	jiāo	가르치다
		谁教你汉语?
		Shéi jiāo nǐ Hànyǔ?
		누가 네게 중국어를 가르치시니?

讲	jiǎng	말하다, 이야기하다

讲故事。
Jiǎng gùshi.
이야기를 하다.

换	huàn	교환하다

换人民币。
Huàn rénmínbì.
인민폐로 바꾸다.

画	huà	그림을 그리다

我画得怎么样?
Wǒ huà de zěnmeyàng?
내가 그린 게 어때?

花	huā	쓰다, 소비하다

今天我花了很多钱。
Jīntiān wǒ huāle hěn duō qián.
오늘 나는 돈을 많이 썼다.

关	guān	닫다, 덮다

把门关上。
Bǎ mén guānshang.
문을 닫아라.

放	fàng	놓아주다, 쉬다

放暑假。
Fàng shǔjià.
여름 방학을 하다.

带	dài	몸에 지니다, 휴대하다, 인솔하다, 데리다

我带你去吧。
Wǒ dài nǐ qù ba.
내가 너를 데리고 갈게.

搬	bān	(비교적 크거나 무거운 것을) 옮기다, 운반하다
		你什么时候搬家?
		Nǐ shénme shíhou bānjiā?
		너는 언제 이사하려고 하니?

包	bāo	(종이나 베 혹은 기타 얇은 것으로) 싸다
		用纸包东西。
		Yòng zhǐ bāo dōngxi.
		종이로 물건을 싼다.

注意	zhùyì	주의하다, 조심하다
		你注意身体啊。
		Nǐ zhùyì shēntǐ a.
		건강에 주의해라.

照顾	zhàogù	돌보다, 간호하다
		她很会照顾人。
		Tā hěn huì zhàogù rén.
		그녀는 남을 잘 돌본다.

着急	zháo//jí	조급해하다, 초조하다
		别着急。
		Bié zháojí.
		조급해하지 마라.

遇到	yùdào	만나다, 마주치다
		我在街上遇到了他。
		Wǒ zài jiēshang yùdàole tā.
		나는 길거리에서 그를 만났다.

以为	yǐwéi	여기다, 간주하다
		我以为他是好人。
		Wǒ yǐwéi tā shì hǎorén.
		나는 그가 좋은 사람이라고 여겼다.

要求	yāoqiú	요구하다
		他们对我要求太高了。
		Tāmen duì wǒ yāoqiú tài gāo le.
		그들은 나에게 요구하는 것이 너무 높다.

选择	xuǎnzé	고르다, 선택하다
		我不想选择这种职业。
		Wǒ bù xiǎng xuǎnzé zhè zhǒng zhíyè.
		나는 이런 직업을 선택하고 싶지 않다.

需要	xūyào	필요하다
		你需要我的帮助吗?
		Nǐ xūyào wǒ de bāngzhù ma?
		내 도움이 필요하니?

小心	xiǎoxīn	조심하다
		开车要小心。
		Kāichē yào xiǎoxīn.
		조심해서 운전해야 한다.

相信	xiāngxìn	믿다, 신임하다
		我不相信他。
		Wǒ bù xiāngxìn tā.
		나는 그를 믿지 못한다.

洗澡	xǐ//zǎo	목욕하다, 몸을 씻다
		我天天洗澡。
		Wǒ tiāntiān xǐzǎo.
		나는 매일 목욕한다.

忘记	wàngjì	잊다
		我忘记了他的名字。
		Wǒ wàngjìle tā de míngzi.
		나는 그의 이름을 잊어버렸다.

完成	wánchéng	완성하다
		我终于完成任务了。
		Wǒ zhōngyú wánchéng rènwu le.
		나는 마침내 임무를 완성했다.

同意	tóngyì	동의하다
		我同意你的意见。
		Wǒ tóngyì nǐ de yìjiàn.
		네 의견에 동의해.

提高	tígāo	제고하다, 향상시키다
		提高质量。
		Tígāo zhìliàng.
		품질을 향상시키다.

刷牙	shuā//yá	이를 닦다
		你一天刷几次牙?
		Nǐ yì tiān shuā jǐ cì yá?
		하루에 이를 몇 번 닦니?

生气	shēng//qì	화내다
		不要生气。
		Búyào shēngqì.
		화내지 마라.

上网	shàng//wǎng	인터넷을 하다
		上不了网。
		Shàng bu liǎo wǎng.
		인터넷 접속이 안 된다.

认为	rènwéi	~라고 여기다, ~라고 생각하다
		我认为他很聪明。
		Wǒ rènwéi tā hěn cōngming.
		나는 그가 매우 총명하다고 생각해.

明白	míngbai	알다, 이해하다
		我明白你的意思。
		Wǒ míngbai nǐ de yìsi.
		나는 네 뜻을 이해한다.

满意	mǎnyì	만족하다
		我感到很满意。
		Wǒ gǎndào hěn mǎnyì.
		나는 아주 만족한다.

了解	liǎojiě	자세하게 알다, 이해하다
		你不太了解我。
		Nǐ bú tài liǎojiě wǒ.
		너는 나를 잘 이해하지 못한다.

练习	liànxí	연습하다, 익히다
		我每天都练习书法。
		Wǒ měitiān dōu liànxí shūfǎ.
		나는 매일 서예를 연습한다.

离开	lí//kāi	떠나다
		请不要离开我。
		Qǐng búyào líkāi wǒ.
		저를 떠나지 마세요.

决定	juédìng	결정하다
		我决定不去中国。
		Wǒ juédìng bú qù Zhōngguó.
		나는 중국에 가지 않기로 결정했다.

举行	jǔxíng	거행하다
		举行欢送会。
		Jǔxíng huānsònghuì.
		환송회를 거행하다.

经过	jīngguò	경유하다, 통과하다

到银行去要经过邮局。
Dào yínháng qù yào jīngguò yóujú.
은행에 가려면 우체국을 거쳐야 한다.

解决	jiějué	해결하다

解决困难。
Jiějué kùnnan.
어려움을 해결하다.

结束	jiéshù	끝나다, 마치다

结束工作。
Jiéshù gōngzuò.
일을 마치다.

结婚	jié//hūn	결혼하다

你们什么时候结婚?
Nǐmen shénme shíhou jiéhūn?
너희들 언제 결혼하니?

见面	jiàn//miàn	만나다, 대면하다

跟同学见面。
Gēn tóngxué jiànmiàn.
학우와 만나다.

检查	jiǎnchá	검사하다

检查身体。
Jiǎnchá shēntǐ.
신체를 검사하다.

记得	jìde	기억하고 있다

我还记得她的名字。
Wǒ hái jìde tā de míngzi.
나는 아직 그녀의 이름을 기억하고 있다.

害怕	hài//pà	겁내다, 두려워하다 他从没害怕过。 Tā cóng méi hàipàguo. 그는 여태껏 두려워해 본 적이 없다.
关心	guānxīn	관심을 갖다, 관심을 기울이다 他不关心自己的健康。 Tā bù guānxīn zìjǐ de jiànkāng. 그는 자신의 건강에 관심이 없다.
刮风	guā//fēng	바람이 불다 刮很大的风。 Guā hěn dà de fēng. 아주 센 바람이 분다.
复习	fùxí	복습하다 你们好好儿复习复习吧。 Nǐmen hǎohāor fùxí fùxí ba. 너희들은 복습을 잘 해라.
放心	fàng//xīn	마음을 놓다, 안심하다 你放心好了。 Nǐ fàngxīn hǎo le. 너는 안심해도 된다.
发现	fāxiàn	발견하다, 알아차리다 发现了她的秘密。 Fāxiànle tā de mìmì. 그녀의 비밀을 발견했다.
发烧	fāshāo	열이 나다 头疼发烧。 Tóuténg fāshāo. 머리가 아프고 열이 난다.

锻炼	duànliàn	단련하다

天天锻炼身体。
Tiāntiān duànliàn shēntǐ.
매일 신체를 단련한다.

担心	dān//xīn	걱정하다

你不用担心。
Nǐ búyòng dānxīn.
너는 걱정할 필요없어.

打算	dǎsuan	~하려고 하다

他打算当律师。
Tā dǎsuan dāng lǜshī.
그는 변호사가 되려고 한다.

打扫	dǎsǎo	청소하다

打扫好了吗?
Dǎsǎo hǎo le ma?
청소를 다 했니?

出现	chūxiàn	출현하다, 나타나다

出现问题。
Chūxiàn wèntí.
문제가 생기다.

迟到	chídào	지각하다

他迟到了半个小时。
Tā chídàole bàn ge xiǎoshí.
그는 30분 지각했다.

参加	cānjiā	참가하다, 가입하다, 참여하다

参加了体育比赛。
Cānjiāle tǐyù bǐsài.
체육 시합에 참가했다.

表示	biǎoshì	표시하다, 의미하다, 가리키다

他们都表示同意。
Tāmen dōu biǎoshì tóngyì.
그들은 다 동의를 표시하였다.

变化	biànhuà	변화하다, 달라지다

发生变化。
Fāshēng biànhuà.
변화가 발생하다.

帮忙	bāng//máng	도움을 주다, 원조하다

请多帮忙。
Qǐng duō bāngmáng.
많이 도와주세요.

过去	guòqù	지나가다, 가다

你过去看看。
Nǐ guòqù kànkan.
네가 가서 좀 보아라.

表演	biǎoyǎn	공연하다, 연기하다

你们在哪里表演?
Nǐmen zài nǎli biǎoyǎn?
너희들은 어디에서 공연하니?

Unit 2 | 조동사

敢	gǎn	감히 ~하다

你敢提意见吗?
Nǐ gǎn tí yìjiàn ma?
네가 감히 의견을 제시할 수 있니?

应该 yīnggāi

~해야 한다

应该我去。
Yīnggāi wǒ qù.
반드시 내가 가야 한다.

愿意 yuànyi

~하고 싶다

我也愿意去。
Wǒ yě yuànyi qù.
나도 가고 싶어.

Unit 3 | 형용사

低 dī

(높이나 등급이) 낮다

水平很低。
Shuǐpíng hěn dī.
수준이 낮다.

胖 pàng

뚱뚱하다

这孩子真胖。
Zhè háizi zhēn pàng.
이 아이는 정말 뚱뚱하다.

疼 téng

아프다

肚子一直很疼。
Dùzi yìzhí hěn téng.
배가 계속 아프다.

甜 tián

달다, 달콤하다

西瓜很甜。
Xīguā hěn tián.
수박이 아주 달다.

饱	bǎo	배부르다
		我吃饱了。
		Wǒ chībǎo le.
		나는 배가 부르다.

饿	è	배고프다
		肚子很饿。
		Dùzi hěn è.
		배가 아주 고프다.

渴	kě	갈증나다, 목마르다
		渴死了!
		Kěsǐ le!
		목말라 죽겠다!

差	chà	나쁘다, 차이 나다
		一点都不差。
		Yìdiǎn dōu bú chà.
		조금도 차이 나지 않다.

久	jiǔ	오래다, 시간이 길다
		已经很久了。
		Yǐjing hěn jiǔ le.
		이미 오래되었다.

老	lǎo	늙다
		我已经老了。
		Wǒ yǐjing lǎo le.
		나는 이미 늙었어.

难	nán	어렵다, 힘들다
		学汉语不太难。
		Xué Hànyǔ bú tài nán.
		중국어를 배우는 것은 그다지 어렵지 않다.

瘦	shòu	마르다, 여위다 我觉得他很瘦。 Wǒ juéde tā hěn shòu. 나는 그가 아주 말랐다고 생각한다.

蓝	lán	파란색의, 푸르다 天是蓝的。 Tiān shì lán de. 하늘은 푸르다.

聪明	cōngming	똑똑하다, 총명하다 他是个聪明的学生。 Tā shì ge cōngming de xuésheng. 그는 총명한 학생이다.

可爱	kě'ài	귀엽다 这个小孩真可爱。 Zhège xiǎohái zhēn kě'ài. 이 아이는 정말 귀엽다.

年轻	niánqīng	젊다, 어리다 你比我年轻得多。 Nǐ bǐ wǒ niánqīng de duō. 너는 나보다 훨씬 젊다.

奇怪	qíguài	이상하다, 괴이하다 他并不奇怪。 Tā bìng bù qíguài. 그는 결코 이상하지 않다.

热情	rèqíng	열정적이다, 친절하다 服务员很热情。 Fúwùyuán hěn rèqíng. 종업원이 아주 친절하다.

认真	rènzhēn	진지하다, 착실하다
		他对工作很认真。
		Tā duì gōngzuò hěn rènzhēn.
		그는 일에 대해서 아주 진지하다.

特别	tèbié	특별하다, 특이하다
		这个节目很特别。
		Zhège jiémù hěn tèbié.
		이 프로그램은 아주 특이하다.

相同	xiāngtóng	서로 같다, 일치하다
		他们的观点不相同。
		Tāmen de guāndiǎn bù xiāngtóng.
		그들의 관점은 다르다.

一样	yíyàng	같다
		他长得和妈妈一样。
		Tā zhǎng de hé māma yíyàng.
		그는 엄마와 닮았다.

一般	yìbān	보통이다, 일반적이다
		你一般几点睡觉?
		Nǐ yìbān jǐ diǎn shuìjiào?
		너는 보통 몇 시에 잠을 자니?

主要	zhǔyào	주요한, 주된
		他是主要人物。
		Tā shì zhǔyào rénwù.
		그는 주요한 인물이다.

安静	ānjìng	조용하다
		这个房间很安静。
		Zhège fángjiān hěn ānjìng.
		이 방은 아주 조용하다.

当然	dāngrán	당연하다, 물론이다

你提意见是当然的。
Nǐ tí yìjiàn shì dāngrán de.
네가 의견을 제시하는 것은 당연하다.

方便	fāngbiàn	편리하다

你们那儿交通方便吗?
Nǐmen nàr jiāotōng fāngbiàn ma?
네가 있는 곳은 교통이 편리하니?

干净	gānjìng	깨끗하다

打扫得很干净。
Dǎsǎo de hěn gānjìng.
아주 깨끗하게 청소한다.

简单	jiǎndān	간단하다, 단순하다

情节很简单。
Qíngjié hěn jiǎndān.
줄거리가 아주 단순하다.

健康	jiànkāng	건강하다, 건전하다

祝你身体健康!
Zhù nǐ shēntǐ jiànkāng!
몸 건강하시기 바랍니다!

难过	nánguò	괴롭다

你别太难过了!
Nǐ bié tài nánguò le!
너무 괴로워하지 마라!

清楚	qīngchu	분명하다, 뚜렷하다

他的发音很清楚。
Tā de fāyīn hěn qīngchu.
그의 발음은 아주 분명하다.

容易	róngyì	쉽다
		这次考试真容易。
		Zhè cì kǎoshì zhēn róngyì.
		이번 시험은 정말 쉽다.

舒服	shūfu	편안하다
		你觉得舒服吗?
		Nǐ juéde shūfu ma?
		편안하세요?

新鲜	xīnxiān	신선하다, 싱싱하다
		这块肉很新鲜。
		Zhè kuài ròu hěn xīnxiān.
		이 고기는 아주 신선하다.

有名	yǒumíng	유명하다
		这个产品很有名。
		Zhège chǎnpǐn hěn yǒumíng.
		이 제품은 아주 유명하다.

重要	zhòngyào	중요하다
		学外语发音最重要。
		Xué wàiyǔ fāyīn zuì zhòngyào.
		외국어를 배우는 데는 발음이 가장 중요하다.

努力	nǔlì	열심이다
		他每天努力学习。
		Tā měitiān nǔlì xuéxí.
		그는 매일 열심히 공부한다.

Unit 4 | 명사

种	zhǒng	종, 종자 种种子。 Zhòng zhǒngzi. 종자를 심다.
云	yún	구름 天上飘着一朵白云。 Tiānshàng piāozhe yì duǒ báiyún. 하늘에 흰구름 하나가 떠다니고 있다.
信	xìn	편지 他的信我还没收到。 Tā de xìn wǒ hái méi shōudào. 그의 편지는 아직 받지 못했다.
鞋	xié	신발, 구두 这双鞋很好看。 Zhè shuāng xié hěn hǎokàn. 이 신발은 아주 예쁘다.
夏	xià	여름 台北夏天很闷热。 Táiběi xiàtiān hěn mēnrè. 타이베이의 여름은 아주 후덥지근하다.
西	xī	서쪽 往西走。 Wǎng xī zǒu. 서쪽으로 가다.

腿	tuǐ	다리
		我的腿不好。
		Wǒ de tuǐ bù hǎo.
		내 다리가 좋지 않다.

条	tiáo	가늘고 긴 것, 폭이 좁고 긴 것
		我喜欢吃面条。
		Wǒ xǐhuan chī miàntiáo.
		나는 국수 먹는 것을 좋아한다.

糖	táng	설탕, 사탕
		搁一些糖吧。
		Gē yìxiē táng ba.
		설탕을 조금 넣어라.

树	shù	나무, 수목
		种苹果树。
		Zhòng píngguǒshù.
		사과나무를 심다.

伞	sǎn	우산
		要下雨, 别忘了带伞。
		Yào xiàyǔ, bié wàngle dài sǎn.
		비가 오려고 하니 우산 가져 가는 것을 잊지 마.

秋	qiū	가을
		秋天就快要到了。
		Qiūtiān jiù kuàiyào dào le.
		가을이 곧 다가온다.

鸟	niǎo	새
		我以前养过两只鸟。
		Wǒ yǐqián yǎngguo liǎng zhī niǎo.
		나는 이전에 새 두 마리를 길렀다.

| 南 | nán | 남, 남쪽
两只鸟朝南飞去
Liǎng zhī niǎo cháo nán fēi qù.
새 두 마리가 남쪽을 향해 날아간다. |

| 米 | mǐ | 쌀
这种米好吃吗?
Zhè zhǒng mǐ hǎochī ma?
이런 쌀은 맛있습니까? |

| 马 | mǎ | 말
你会骑马吗?
Nǐ huì qí mǎ ma?
너는 말을 탈 줄 아느냐? |

| 脸 | liǎn | 얼굴
脸红了。
Liǎn hóng le.
얼굴이 붉어졌다. |

| 脚 | jiǎo | 발
人人都有两只脚。
Rénrén dōu yǒu liǎng zhī jiǎo.
사람마다 모두 두 개의 다리를 가지고 있다. |

| 角 | jiǎo | 뿔
这是牛角。
Zhè shì niújiǎo.
이것은 소뿔이다. |

| 河 | hé | 강, 하천
过河。
Guò hé.
강을 건너다. |

附近	fùjìn	가까운, 부근, 근처	

附近 fùjìn 가까운, 부근, 근처

住在学校附近。
Zhù zài xuéxiào fùjìn.
학교 부근에 산다.

东 dōng 동쪽, 동방

东风吹来了。
Dōngfēng chuīlái le.
동풍이 불어왔다.

冬 dōng 겨울

冬天到了。
Dōngtiān dào le.
겨울이 왔다.

灯 dēng 등, 라이트

你别忘记关灯。
Nǐ bié wàngji guāndēng.
불 끄는 것을 잊지 마라.

春 chūn 봄, 춘계

一年之计在于春。
Yì nián zhī jì zàiyú chūn.
한 해의 계획은 봄에 세운다.

草 cǎo 풀

爱护花草。
Àihù huācǎo.
화초를 보호하다.

班 bān 조, 그룹, 반

他是我们班的班长。
Tā shì wǒmen bān de bānzhǎng.
그는 우리 반의 반장이다.

作用	zuòyòng	작용, 역할 **起作用。** Qǐ zuòyòng. 역할을 하다.

作业	zuòyè	숙제, 과제 **做作业。** Zuò zuòyè. 숙제를 하다.

最近	zuìjìn	최근, 요즈음 **我最近很忙。** Wǒ zuìjìn hěn máng. 나는 요즘 아주 바쁘다

字典	zìdiǎn	자전 **我需要一本字典。** Wǒ xūyào yì běn zìdiǎn. 나는 자전 한 권이 필요하다.

周末	zhōumò	주말 **周末快乐!** Zhōumò kuàilè. 즐거운 주말 보내세요!

中间	zhōngjiān	중간, 가운데 **大田在首尔和大邱中间。** Dàtián zài Shǒu'ěr hé Dàqiū zhōngjiān. 대전은 서울과 대구의 중간에 있다.

照片	zhàopiàn	사진 **拍照片。** Pāi zhàopiàn. 사진을 찍다.

月亮	yuèliang	달
		月亮升起来。
		Yuèliang shēng qǐlai.
		달이 떠오르다.

游戏	yóuxì	게임, 놀이
		玩游戏。
		Wán yóuxì.
		게임을 하다.

影响	yǐngxiǎng	영향
		影响不大。
		Yǐngxiǎng bú dà.
		영향이 크지 않다.

银行	yínháng	은행
		他去银行取钱。
		Tā qù yínháng qǔqián.
		그는 돈을 찾으러 은행에 간다.

音乐	yīnyuè	음악
		他喜欢听音乐。
		Tā xǐhuan tīng yīnyuè.
		그는 음악 듣는 것을 좋아한다.

以前	yǐqián	이전, 예전
		这个地方我以前来过.
		Zhège dìfang wǒ yǐqián láiguo.
		이곳은 내가 이전에 온 적이 있다.

以后	yǐhòu	이후, 금후
		以后，要听话。
		Yǐhòu, yào tīnghuà.
		이후에는 말을 잘 들어.

爷爷	yéye	할아버지
		爷爷去年去世了。
		Yéye qùnián qùshì le.
		할아버지는 작년에 돌아가셨다.

眼镜	yǎnjìng	안경
		爸爸带着眼镜看报纸。
		Bàba dàizhe yǎnjìng kàn bàozhǐ.
		아빠는 안경을 쓰고서 신문을 보신다.

熊猫	xióngmāo	판다
		熊猫吃什么呢?
		Xióngmāo chī shénme ne?
		판다는 무엇을 먹습니까?

兴趣	xìngqù	흥미, 흥취, 취미
		我对心理学感兴趣。
		Wǒ duì xīnlǐxué gǎn xìngqù.
		나는 심리학에 흥미가 있다.

新闻	xīnwén	뉴스, 소식
		最近有什么重要新闻?
		Zuìjìn yǒu shénme zhòngyào xīnwén?
		요즘 무슨 중요한 뉴스가 있니?

校长	xiàozhǎng	학교장
		他是我们大学的校长。
		Tā shì wǒmen dàxué de xiàozhǎng.
		그는 우리 대학교의 총장입니다.

香蕉	xiāngjiāo	바나나
		我买了四斤香蕉。
		Wǒ mǎile sì jīn xiāngjiāo.
		나는 바나나 네 근을 샀다.

文化	wénhuà	문화
		提高文化水平。
		Tígāo wénhuà shuǐpíng.
		문화 수준을 높이다.

头发	tóufa	머리카락, 머리털
		她的头发很长。
		Tā de tóufa hěn cháng.
		그녀의 머리카락이 아주 길다.

同事	tóngshì	동료
		他们是老同事。
		Tāmen shì lǎo tóngshì.
		그들은 오랜 동료이다.

体育	tǐyù	체육
		我喜欢看体育新闻。
		Wǒ xǐhuan kàn tǐyù xīnwén.
		나는 스포츠 뉴스를 즐겨 본다.

太阳	tàiyáng	태양, 해
		晒太阳。
		Shài tàiyáng.
		햇볕을 쬐다.

司机	sījī	기사, 운전사
		他是公共汽车司机。
		Tā shì gōnggòng qìchē sījī.
		그는 버스 기사입니다.

水平	shuǐpíng	수준, 능력
		他的文化水平挺高的。
		Tā de wénhuà shuǐpíng tǐng gāo de.
		그의 문화 수준은 아주 높다.

数学	shùxué	수학
		数学成绩不太好。
		Shùxué chéngjì bú tài hǎo.
		수학 성적이 그다지 좋지 않다.

叔叔	shūshu	숙부, 작은아버지, 삼촌
		他的叔叔当律师。
		Tā de shūshu dāng lǜshī.
		그의 작은아버지는 변호사입니다.

世界	shìjiè	세계
		她是世界著名设计师。
		Tā shì shìjiè zhùmíng shèjìshī.
		그녀는 세계 저명한 디자이너이다.

声音	shēngyīn	소리, 목소리
		他的声音很好听。
		Tā de shēngyīn hěn hǎotīng.
		그의 목소리는 아주 듣기 좋다.

裙子	qúnzi	치마, 스커트
		她爱穿裙子。
		Tā ài chuān qúnzi.
		그녀는 치마 입기를 좋아한다.

铅笔	qiānbǐ	연필
		我一般用铅笔写字。
		Wǒ yìbān yòng qiānbǐ xiězì.
		나는 보통 연필로 글자를 쓴다.

葡萄	pútao	포도
		我想喝葡萄酒。
		Wǒ xiǎng hē pútaojiǔ.
		나는 포도주를 마시고 싶다.

啤酒

píjiǔ

맥주

再来一瓶啤酒。
Zài lái yì píng píjiǔ.
맥주 한 병 더 주세요.

盘子

pánzi

쟁반, 접시

擦盘子。
Cā pánzi.
접시를 닦다.

年级

niánjí

학년

你上几年级?
Nǐ shàng jǐ niánjí?
너는 몇 학년이니?

奶奶

nǎinai

할머니

这是我的奶奶。
Zhè shì wǒ de nǎinai.
이분은 제 할머니입니다.

面条

miàntiáo

국수

中午我吃了两碗面条。
Zhōngwǔ wǒ chīle liǎng wǎn miàntiáo.
점심에 나는 국수 두 그릇을 먹었다.

面包

miànbāo

빵

我早上吃了一个面包。
Wǒ zǎoshang chīle yí ge miànbāo.
나는 아침에 빵 하나를 먹었다.

帽子

màozi

모자

我喜欢戴帽子。
Wǒ xǐhuan dài màozi.
나는 모자 쓰는 것을 좋아한다.

邻居	línjū	이웃집, 이웃 사람 她是我的邻居。 Tā shì wǒ de línjū. 그녀는 나의 이웃 사람이다.
历史	lìshǐ	역사 中国有悠久的历史。 Zhōngguó yǒu yōujiǔ de lìshǐ. 중국은 유구한 역사가 있다.
礼物	lǐwù	선물, 예물 这是他送给我的礼物。 Zhè shì tā sòng gěi wǒ de lǐwù. 이것은 그가 내게 준 선물이다.
筷子	kuàizi	젓가락 拿两双筷子来。 Ná liǎng shuāng kuàizi lái. 젓가락 두 벌 갖다 줘.
裤子	kùzi	바지 这条裤子有一点儿肥。 Zhè tiáo kùzi yǒu yìdiǎnr féi. 이 바지는 좀 헐렁하다.
空调	kōngtiáo	에어컨 开空调。 Kāi kōngtiáo. 에어컨을 켜다.
客人	kèrén	손님, 고객 接客人。 Jiē kèrén. 손님을 마중하다.

句子	jùzi	구절, 문장
		用这个词造一个句子吧。
		Yòng zhège cí zào yí ge jùzi ba.
		이 단어로 문장 하나 만들어 봐.

经理	jīnglǐ	매니저, 지배인, 사장
		他是我们的经理。
		Tā shì wǒmen de jīnglǐ.
		그는 우리의 지배인이다.

节日	jiérì	기념일, 명절
		十月有几个节日?
		Shí yuè yǒu jǐ ge jiérì?
		10월에 몇 개의 기념일이 있니?

节目	jiémù	프로그램
		他喜欢看新闻节目。
		Tā xǐhuan kàn xīnwén jiémù.
		그는 뉴스 프로그램을 즐겨 본다.

街道	jiēdào	거리, 가두
		打扫街道。
		Dǎsǎo jiēdào.
		거리를 청소하다.

季节	jìjié	계절, 철, 절기
		你喜欢哪个季节?
		Nǐ xǐhuan nǎge jìjié?
		너는 어느 계절을 좋아하니?

机会	jīhuì	기회
		这是我们最后的机会。
		Zhè shì wǒmen zuìhòu de jīhuì.
		이것은 우리의 마지막 기회이다.

会议　huìyì　회의
几点举行会议?
Jǐ diǎn jǔxíng huìyì?
몇 시에 회의를 여니?

环境　huánjìng　환경
保护自然环境。
Bǎohù zìrán huánjìng.
자연환경을 보호하다.

花园　huāyuán　화원, 가든
我们去花园玩儿吧。
Wǒmen qù huāyuán wánr ba.
우리 화원에 놀러 가자.

护照　hùzhào　여권
我的护照丢了。
Wǒ de hùzhào diū le.
제 여권을 잃어버렸습니다.

黑板　hēibǎn　칠판
在黑板上写字。
Zài hēibǎn shang xiězì.
칠판에 글씨를 쓰다.

果汁　guǒzhī　과일즙, 과일 주스
想喝果汁。
Xiǎng hē guǒzhī.
과일 주스를 마시고 싶다.

国家　guójiā　국가, 나라
世界上有多少个国家?
Shìjiè shang yǒu duōshao ge guójiā?
세계에는 몇 개의 나라가 있니?

关系	guānxi	관계
		没关系。
		Méi guānxi.
		관계 없다. 괜찮다.

故事	gùshi	이야기
		讲故事。
		Jiǎng gùshi.
		이야기를 하다.

公园	gōngyuán	공원
		去公园照相吧。
		Qù gōngyuán zhàoxiàng ba.
		공원에 가서 사진 찍자.

刚才	gāngcái	방금
		刚才你吃什么了?
		Gāngcái nǐ chī shénme le?
		방금 무엇을 먹었니?

感冒	gǎnmào	감기
		我得了感冒。
		Wǒ déle gǎnmào.
		나는 감기에 걸렸다.

耳朵	ěrduo	귀
		他耳朵软。
		Tā ěrduo ruǎn.
		그는 귀가 얇다.

动物	dòngwù	동물
		你喜欢什么动物?
		Nǐ xǐhuan shéme dòngwù?
		너는 어떤 동물을 좋아하니?

电梯	diàntī	엘리베이터

乘电梯上去吧。
Chéng diàntī shàngqu ba.
엘리베이터 타고 올라가자.

地图	dìtú	지도, 약도

请在这里画个地图。
Qǐng zài zhèlǐ huà ge dìtú.
여기에 약도를 그려 주세요.

地铁	dìtiě	지하철

地铁站在哪儿?
Dìtiězhàn zài nǎr?
지하철역이 어디에 있습니까?

地方	dìfang	장소, 곳

这是什么地方?
Zhè shì shénme dìfang?
여기는 어디입니까?

蛋糕	dàngāo	케이크

切生日蛋糕。
Qiē shēngrì dàngāo.
생일 케이크를 자르다.

词语	cíyǔ	단어

你知道这个新词语的意思吗?
Nǐ zhīdao zhège xīn cíyǔ de yìsi ma?
너는 이 신조어의 뜻을 아니?

厨房	chúfáng	주방, 부엌

她在厨房做饭呢。
Tā zài chúfáng zuòfàn ne.
그녀는 주방에서 밥을 하고 있다.

城市	chéngshì	도시
		我是在城市长大的。
		Wǒ shì zài chéngshì zhǎngdà de.
		나는 도시에서 자랐다.

成绩	chéngjì	(일·학업상의) 성적, 성과, 수확
		他最近成绩不好。
		Tā zuìjìn chéngjì bù hǎo.
		최근 그의 성적은 좋지 못하다.

衬衫	chènshān	와이셔츠, 셔츠, 블라우스
		这件衬衫多少钱?
		Zhè jiàn chènshān duōshao qián?
		이 셔츠는 얼마입니까?

超市	chāoshì	슈퍼마켓
		妈妈去超市了。
		Māma qù chāoshì le.
		엄마는 슈퍼마켓에 가셨어.

菜单	càidān	메뉴, 식단
		请把菜单给我。
		Qǐng bǎ càidān gěi wǒ.
		메뉴판을 주세요.

冰箱	bīngxiāng	냉장고
		你家冰箱的容量大吗?
		Nǐ jiā bīngxiāng de róngliàng dà ma?
		네 집의 냉장고 용량은 크니?

宾馆	bīnguǎn	호텔
		这附近有宾馆吗?
		Zhè fùjìn yǒu bīnguǎn ma?
		이 부근에 호텔 있습니까?

比赛	bǐsài	경기, 시합

做比赛。
Zuò bǐsài.
시합하다.

鼻子	bízi	코

他鼻子大。
Tā bízi dà.
그의 코는 크다.

北方	běifāng	북방, 북쪽

飞机向北方飞去。
Fēijī xiàng běifāng fēi qù.
비행기가 북쪽으로 날아간다.

办法	bànfǎ	방법, 수단

这是一个很好的办法。
Zhè shì yí ge hěn hǎo de bànfǎ.
이것은 하나의 아주 좋은 방법이다.

爱好	àihào	취미, 애호

你的爱好是什么?
Nǐ de àihào shì shénme?
네 취미는 뭐니?

阿姨	āyí	아주머니

谢谢, 阿姨!
Xièxie, āyí!
아주머니, 고맙습니다!

普通话	pǔtōnghuà	현대 중국 표준어

你会说普通话吗?
Nǐ huì shuō pǔtōnghuà ma?
너는 현대 중국 표준어를 말할 수 있니?

洗手间	xǐshǒujiān	화장실
		洗手间在哪儿? Xǐshǒujiān zài nǎr? 화장실이 어디에 있습니까?

一会儿	yíhuìr	잠시, 잠깐
		等一会儿。 Děng yíhuìr. 잠시만 기다려 주세요.

照相机	zhàoxiàngjī	사진기, 카메라
		我忘了带照相机。 Wǒ wàngle dài zhàoxiàngjī. 사진기를 가져오는 것을 잊었다.

办公室	bàngōngshì	사무실
		办公室里有人。 Bàngōngshì li yǒu rén. 사무실 안에 사람이 있어요.

图书馆	túshūguǎn	도서관
		他去图书馆借书。 Tā qù túshūguǎn jiè shū. 그는 도서관에 책을 빌리러 간다.

行李箱	xínglixiāng	짐가방
		这个行李箱是谁的? zhè ge xínglixiāng shì shéi de? 이 짐가방은 누구의 것입니까?

电子邮件	diànzǐ yóujiàn	이메일
		把电子邮件发给我吧。 Bǎ diànzǐ yóujiàn fā gěi wǒ ba. 이메일을 내게 보내 주세요.

Unit 5 | 부사

极 jí

아주, 극히

最近我忙极了。

Zuìjìn wǒ máng jíle.

최근에 나는 몹시 바쁘다.

才 cái

막, 방금, 비로소, 겨우, ~에야

现在才来啊！

Xiànzài cái lái a!

이제서야 오니!

更 gèng

더욱, 더

这个比那个更好。

Zhège bǐ nàge gèng hǎo.

이것이 저것보다 더 좋다.

先 xiān

먼저

你先吃吧。

Nǐ xiān chī ba.

먼저 먹어.

又 yòu

또, 다시

他昨天来了, 今天又来了。

Tā zuótiān lái le, jīntiān yòu lái le.

그는 어제도 왔고 오늘 또 왔다.

只 zhǐ

단지, 다만

家里只有我一个人。

Jiāli zhǐ yǒu wǒ yí ge rén.

집에 나 혼자만 있다.

越	yuè	점점 ~하다, ~면 ~할수록 ~하다
		雨下得越来越大了。
		Yǔ xià de yuèláiyuè dà le.
		비가 갈수록 거세게 내린다.

还	hái	아직, 여전히
		我还没吃过饭呢。
		Wǒ hái méi chīguo fàn ne.
		나는 아직 밥을 먹지 않았다.

还是	háishi	아직, 여전히
		他还是住在香港。
		Tā háishi zhù zài Xiānggǎng.
		그는 아직도 홍콩에서 살고 있다.

一边	yìbiān	~하면서 ~하다
		我一边吃饭一边看电视。
		Wǒ yìbiān chīfàn yìbiān kàn diànshì.
		나는 밥을 먹으면서 텔레비전을 본다.

几乎	jīhū	거의
		他几乎两天没睡。
		Tā jīhū liǎng tiān méi shuì.
		그는 거의 이틀 밤을 자지 않았다.

经常	jīngcháng	언제나, 늘
		他经常来我家。
		Tā jīngcháng lái wǒ jiā.
		그는 자주 우리 집에 온다.

马上	mǎshàng	곧, 즉시
		我马上就来。
		Wǒ mǎshàng jiù lái.
		바로 가겠습니다.

其实	qíshí	기실, 사실

这次考试其实不难。
Zhècì kǎoshì qíshí bù nán.
이번 시험은 사실 어렵지 않았다.

必须	bìxū	반드시, 꼭

你必须去参加会议。
Nǐ bìxū qù cānjiā huìyì.
너는 반드시 회의에 참석해야 한다.

突然	tūrán	갑자기, 문득

天突然阴了。
Tiān tūrán yīn le.
날씨가 갑자기 흐려졌다.

一共	yígòng	모두, 전부

一共多少钱?
Yígòng duōshao qián?
모두 얼마입니까?

一直	yìzhí	계속, 줄곧

一直往东走吧。
Yìzhí wǎng dōng zǒu ba.
동쪽으로 줄곧 가세요.

多么	duōme	얼마나

她多么漂亮啊!
Tā duōme piàoliang a!
그녀는 얼마나 아름다운가!

一定	yídìng	반드시, 꼭

我一定要去。
Wǒ yídìng yào qù.
나는 꼭 가야 한다.

终于	zhōngyú	마침내, 결국
		你终于来了!
		Nǐ zhōngyú lái le!
		네가 마침내 왔구나!

总是	zǒngshì	늘, 언제나
		他最近总是迟到。
		Tā zuìjìn zǒngshì chídào.
		그는 최근에 늘 지각한다.

比较	bǐjiào	비교적, 상대적으로
		今天比较热。
		Jīntiān bǐjiào rè.
		오늘 비교적 덥다.

Unit 6 | 양사

段	duàn	단락, 토막
		你念第二段吧。
		Nǐ niàn dì-èr duàn ba.
		두 번째 단락을 읽어 보아라.

口	kǒu	명, 식구 (식구를 셀 때 쓰임)
		你家有几口人?
		Nǐ jiā yǒu jǐ kǒu rén?
		식구가 몇 명이니?

辆	liàng	대, 량
		你家有几辆汽车?
		Nǐ jiā yǒu jǐ liàng qìchē?
		네 집에는 자동차가 몇 대 있니?

双
shuāng

짝, 켤레, 쌍

我买了六双袜子。
Wǒ mǎile liù shuāng wàzi.
양말 6켤레를 샀다.

位
wèi

분, 명

两位客人来了。
Liǎng wèi kèrén lái le.
손님 두 분이 오셨다.

碗
wǎn

그릇

我能吃两碗米饭。
Wǒ néng chī liǎng wǎn mǐfàn.
나는 밥 두 그릇을 먹을 수 있다.

楼
lóu

층

办公室在二楼。
Bàngōngshì zài èr lóu.
사무실은 2층에 있다.

层
céng

층, 겹

这是三层小楼。
Zhè shì sān céng xiǎo lóu.
이것은 3층짜리 작은 건물이다.

分
fēn

분, 점

我又得了两分。
Wǒ yòu déle liǎng fēn.
나는 또 2점을 획득했다.

刻
kè

15분

现在五点一刻。
Xiànzài wǔ diǎn yí kè.
지금 5시 15분이다.

离 lí
~로부터, ~에서
学校离我家不太远。
Xuéxiào lí wǒ jiā bú tài yuǎn.
학교는 우리 집에서 그다지 멀지 않다.

把 bǎ
~을(를)
把衣服洗洗。
Bǎ yīfu xǐxi.
옷을 빨다.

被 bèi
(~에게) ~당하다
他被选为代表。
Tā bèi xuǎn wéi dàibiǎo.
그는 대표로 뽑혔다.

为 wèi
~을(를) 위하여
为我们的友谊干杯。
Wèi wǒmen de yóuyì gānbēi.
우리의 우의를 위해서 건배합시다,

跟 gēn
~와(과), 따라가다
我想跟你一起去。
Wǒ xiǎng gēn nǐ yìqǐ qù.
당신과 같이 가고 싶습니다.

除了 chúle
~을(를) 제외하고
除了他以外, 都来了。
Chúle tā yǐwài, dōu lái le.
그를 제외하고는 다 왔다.

关于	guānyú	~에 관하여 关于这件事, 他已经尽力了。 Guānyú zhè jiàn shì, tā yǐjing jìnlì le. 이 일에 관해서 그는 이미 최선을 다했다.
为了	wèile	~을(를) 하기 위하여 这都是为了你。 Zhè dōu shì wèile nǐ. 이 모든 것은 당신을 위해서다.
根据	gēnjù	~에 의거하여 根据气象预报, 明天要下雨。 Gēnjù qìxiàng yùbào, míngtiān yào xiàyǔ. 기상 예보에 의하면 내일 비가 올 것이다.

Unit 8 | 접속사

或者	huòzhě	~이던가 아니면 ~이다 或者你去, 或者我去, 都一样。 Huòzhě nǐ qù, huòzhě wǒ qù, dōu yíyàng. 네가 가든 내가 가든 똑같다.
而且	érqiě	뿐만 아니라, 또한 他不但个子高, 而且身休很重。 Tā búdàn gèzi gāo, érqiě shēntǐ hěn zhòng. 그는 키가 클 뿐만 아니라 몸도 아주 무겁다.
然后	ránhòu	그런 후에, 그 다음에 先去北京, 然后再去青岛。 Xiān qù Běijīng, ránhòu zài qù Qīngdǎo. 먼저 베이징에 가고, 그 다음에 다시 칭다오로 가자.

如果	rúguǒ	만약
		如果你有什么要求,你随便提。
		Rúguǒ nǐ yǒu shénme yāoqiú, nǐ suíbiàn tí.
		만약 무슨 요구가 있으면, 마음대로 제기해.

虽然	suīrán	비록 ~하지만
		他虽然老了, 可是身体很好。
		Tā suīrán lǎo le, kěshì shēntǐ hěn hǎo.
		그는 비록 늙었지만 몸은 아주 건강하다.

还是	háishi	또는, 아니면
		你是韩国人, 还是中国人?
		Nǐ shì Hánguó rén, háishi Zhōngguó rén?
		당신은 한국인입니까? 아니면 중국인입니까?